中等职业教育·中职中专会计专业教材系列

SHUISHOU　　JICHU

税收基础

沙瑛　何倩梅　朱明红　主编

· 广州 ·

版权所有　翻印必究

图书在版编目（CIP）数据

税收基础/沙瑛，何倩梅，朱明红主编．—广州：中山大学出版社，2016.9

（中等职业教育·中职中专会计专业教材系列）

ISBN 978-7-306-05427-2

Ⅰ.①税… Ⅱ.①沙…②何…③朱… Ⅲ.①税收管理—中国—中等专业学校—教材 Ⅳ.①F812.423

中国版本图书馆CIP数据核字（2015）第206869号

出版人：	徐　劲
策划编辑：	曾育林
责任编辑：	曾育林
封面设计：	曾　斌
责任校对：	廖泽恩
责任技编：	何雅涛
出版发行：	中山大学出版社
电　　话：	编辑部 020-84111996，84113349，84111997，84110779
	发行部 020-84111998，84111981，84111160
地　　址：	广州市新港西路135号
邮　　编：	510275　　传　真：020-84036565
网　　址：	http://www.zsup.com.cn　E-mail：zdcbs@mail.sysu.edu.cn
印　刷　者：	广东省农垦总局印刷厂
规　　格：	787mm×1092mm　1/16　15.25印张　375千字
版次印次：	2016年9月第1版　2017年7月第2次印刷
定　　价：	50.00元

如发现本书因印装质量影响阅读，请与出版社发行部联系调换

编委会

主 编 沙 瑛 何倩梅 朱明红
编 委 何 玲 李红梅 钟珊丹

前　言

　　税收基础是中等职业技术学校财经类的一门专业基础课。本教材以就业为导向，通篇引入企业真实案例，通过"知识目标""能力目标"的设定，引领学生逐步掌握职场中所需要的各种税收计算与缴纳的专业技能。

　　本教材共十章，分三十个项目。根据每个项目内容的需要，灵活设置了"导入案例""知识目标""能力目标""知识链接"等模块，每章配备练习题。主要介绍税收的认识和税收的基本理论及当前我国税制体系下的各种实体税。引导学生从认识税收到理解税收的职能、性质等，也让学生对税收有基本的认识。本教材系统全面地讲解了我国现行税制体系下实体税的税制要素、计算缴纳、征收管理等。

　　参与本书编写的人员都是多年从事税收课程教学的一线教师、企业专家。本书由沙瑛、何倩梅、朱明红担任主编。其中，沙瑛负责"第四章　营业税""第六章　个人所得税""第九章　财产税"以及"第十章　行为税"的编写，何倩梅负责"第一章　我国税收概况""第三章　消费税"和"第五章　关税"的编写，朱明红和李红梅负责"第二章　增值税""第七章　企业所得税"和"第八章　资源税"的编写。深圳市向阳园林工程有限公司财务部部长许珊丹全程参与教材的修订、审定工作，在此深表谢意。

　　由于编者水平有限，书中难免存在诸多疏漏，敬请读者批评指正。

编者

目　　录

第一章　我国税收概况 ……………………………………………… 1
项目1.1　税收基础知识 ………………………………………… 2
一、税收的概念 ………………………………………………… 2
二、税收与国家、经济、财政、法律之间的关系 ……………… 3
三、税收的本质 ………………………………………………… 5
四、税收的特征 ………………………………………………… 6
五、税收的职能 ………………………………………………… 6
六、社会主义市场经济条件下税收的作用 …………………… 7
项目1.2　税收制度和税法 ……………………………………… 9
一、税收制度与税法的定义 …………………………………… 9
二、税制的构成要素 …………………………………………… 11
三、税收分类 …………………………………………………… 18
练习题 ……………………………………………………………… 21

第二章　增值税 ……………………………………………………… 25
项目2.1　增值税基础知识 ……………………………………… 26
一、增值税的概念 ……………………………………………… 26
二、增值税纳税义务人 ………………………………………… 27
三、增值税征税范围 …………………………………………… 28
四、增值税税率和征收率 ……………………………………… 30
五、"营改增"相关规定 ………………………………………… 32
项目2.2　一般纳税人应纳税额的计算 ………………………… 37
一、销项税额的计算 …………………………………………… 37
二、进项税额的计算 …………………………………………… 42
三、应纳税额的计算 …………………………………………… 44
四、增值税的会计处理 ………………………………………… 45

1

项目 2.3　增值税的征收管理 ·· 47
　一、增值税的纳税义务发生时间 ······································· 47
　二、增值税的纳税期限 ··· 48
　三、增值税的纳税地点 ··· 48
　练习题 ·· 49

第三章　消费税 ·· 56
　项目 3.1　消费税基础知识 ·· 57
　　一、消费税概述 ·· 57
　　二、消费税的内容 ·· 58
　　三、消费税税率 ·· 62
　　四、消费税的计税依据和计税方法 ································ 65
　　五、减免税 ·· 65
　项目 3.2　消费税的计算 ··· 65
　　一、从量定额的计算 ·· 65
　　二、从价定率计算方法 ··· 66
　　三、从价定率和从量定额形结合的复合计税方法的计算 ······ 70
　项目 3.3　消费税的会计处理 ··· 71
　　一、应缴纳消费税的消费品 ··· 71
　　二、作为投资的应税消费品 ··· 72
　　三、应税的委托加工消费品 ··· 74
　　四、应税的进口消费品 ··· 75
　项目 3.4　消费税的征收管理 ··· 75
　　一、纳税义务发生时间 ··· 75
　　二、纳税地点 ·· 76
　　三、纳税环节 ·· 76
　　四、纳税期限 ·· 77
　　五、报缴税款的方法 ·· 77
　练习题 ·· 78

第四章　营业税 ·· 84
　项目 4.1　营业税基础知识 ·· 84
　　一、营业税的概念 ·· 85
　　二、营业税纳税义务人和扣缴义务人 ······························ 85

三、营业税的征税范围 ··· 86
　　　四、营业税的税目和税率 ··· 88
　项目 4.2　营业税的计算 ··· 89
　　　一、营业税的会计处理 ··· 89
　　　二、各行业营业税的计算 ··· 90
　项目 4.3　营业税的纳税申报 ··· 98
　　　一、营业税纳税时间 ··· 98
　　　二、营业税纳税地点 ··· 98
　　　三、营业税纳税期限 ··· 99
　练习题 ··· 99

第五章　关税 ··· 103
　项目 5.1　关税基础知识 ·· 103
　　　一、关税概述 ··· 103
　　　二、关税的内容 ··· 104
　项目 5.2　关税的计算和会计处理 ······································· 107
　　　一、关税价格 ··· 107
　　　二、关税的会计处理 ·· 108
　项目 5.3　关税的征收管理 ·· 109
　　　一、税收优惠 ··· 109
　　　二、纳税发生时间、纳税期限、纳税地点 ························· 110
　练习题 ·· 110

第六章　个人所得税 ·· 112
　项目 6.1　个人所得税基础知识 ·· 113
　　　一、个人所得税的纳税义务人 ····································· 113
　　　二、个人所得税的征税范围 ·· 114
　项目 6.2　个人所得税应纳税额的计算 ································· 117
　　　一、工资、薪金所得应纳税额的计算 ······························ 117
　　　二、个体工商户的生产、经营所得应纳税额的计算 ·············· 120
　　　三、对企事业单位承包经营、承租经营所得应纳税额的计算
　　　　　··· 122
　　　四、劳务报酬所得应纳税额的计算 ································· 122
　　　五、稿费所得应纳税额的计算 ······································ 124

六、特许权使用费所得应纳税额的计算……………………………………125
　　七、财产租赁所得应纳税额的计算……………………………………126
　　八、财产转让所得应纳税额的计算……………………………………127
　　九、利息、股息、红利所得和偶然所得应纳税额的计算………………128
　　十、个人所得税的特殊计税方法………………………………………129
　　十一、个人所得税的会计处理…………………………………………133
　项目6.3　个人所得税的纳税申报………………………………………136
　　一、个人所得税纳税申报的规定………………………………………136
　　二、个人所得税纳税申报表格式及填写范例…………………………138
　练习题………………………………………………………………………140

第七章　企业所得税……………………………………………………147
　项目7.1　企业所得税基础知识…………………………………………148
　　一、企业所得税的纳税义务人…………………………………………148
　　二、企业所得税的征税范围……………………………………………149
　　三、企业所得税的税率…………………………………………………150
　项目7.2　企业所得税应纳税额的计算…………………………………150
　　一、应纳税所得额的计算………………………………………………151
　　二、应纳所得税额的计算………………………………………………158
　　三、企业所得税的会计处理……………………………………………161
　项目7.3　企业所得税的征收管理………………………………………162
　　一、纳税年度……………………………………………………………162
　　二、纳税申报……………………………………………………………162
　　三、税款缴纳方式………………………………………………………163
　　四、纳税期限……………………………………………………………163
　　五、纳税地点……………………………………………………………163
　练习题………………………………………………………………………163

第八章　资源税…………………………………………………………173
　项目8.1　资源税概述……………………………………………………173
　　一、资源税基础知识……………………………………………………174
　　二、资源税应纳税额的计算……………………………………………175
　　三、资源税的会计处理…………………………………………………177
　　四、资源税的征收管理…………………………………………………178

项目8.2　城镇土地使用税……………………………………179
　　一、城镇土地使用税基础知识……………………………179
　　二、城镇土地使用税的计算和申报缴纳…………………180
项目8.3　耕地占用税………………………………………182
　　一、耕地占用税基础知识…………………………………182
　　二、耕地占用税的计算和申报缴纳………………………183
练习题…………………………………………………………184

第九章　财产税……………………………………………188

项目9.1　房产税……………………………………………189
　　一、房产税基础知识………………………………………189
　　二、房产税的计算…………………………………………190
　　三、房产税的会计处理……………………………………192
　　四、房产税的纳税申报……………………………………193
项目9.2　土地增值税………………………………………195
　　一、土地增值税基础知识…………………………………196
　　二、土地增值税的计算……………………………………196
　　三、土地增值税的会计处理………………………………200
　　四、土地增值税的申报缴纳………………………………201
　　五、纳税申报………………………………………………201
项目9.3　车船税……………………………………………203
　　一、车船税基础知识………………………………………204
　　二、车船税的计算…………………………………………204
　　三、车船税的会计处理……………………………………206
　　四、车船税的缴纳…………………………………………207
练习题…………………………………………………………209

第十章　行为税……………………………………………212

项目10.1　印花税……………………………………………213
　　一、印花税基础知识………………………………………213
　　二、印花税的计算…………………………………………214
　　三、印花税的会计处理……………………………………218
　　四、印花税的纳税…………………………………………219

项目10.2　车辆购置税 ··· 221
　　一、车辆购置税基础知识 ··· 221
　　二、车辆购置税的计算 ·· 222
　　三、车辆购置税的会计处理 ····································· 223
　　四、车辆购置税的缴纳 ·· 224
项目10.3　城市维护建设税和教育费附加 ······················· 226
　　一、城市维护建设税和教育费附加基础知识 ············· 226
　　二、城市维护建设税和教育费附加的计算 ················ 227
　　三、城市维护建设税和教育费附加的会计处理 ········· 228
　　四、城市维护建设税和教育费附加的纳税申报 ········· 229
练习题 ··· 230

第一章 我国税收概况

> 导入案例

　　樱子是一名职业学校的学生，周末回家时发现爷爷奶奶不在家。平常爷爷奶奶都在，会不会发生了意外？樱子一个念头就将电话打给了爸爸，可是爸爸也不知道他们去哪儿了。焦急地等待了几十分钟后，爷爷奶奶风尘仆仆地赶回来了。只见奶奶今天身穿大红袄，脚蹬高跟鞋；仔细一看，爷爷奶奶还化着妆呢。奶奶满面春风地说："樱子，咱们今晚上酒楼吃饭去。"樱子正感疑惑，爷爷开口了："我们是做群众演员去了，这不，导演给我们2 000元报酬。"樱子笑着说："原来你们去赚外快了，值得庆贺！可是爷爷奶奶，你们这些收入要交税。""交什么税？你从哪听来的？"

　　樱子也答不上来，她才刚进职业学校。

　　通过一定的学习，樱子懂得了一些税收职能和作用，但不久又碰到一件她解答不出来的难题。一个周末的晚上，爸爸的好友来串门，闲聊中她听到了"增值税"这个词，爸爸的朋友是开公司的，这个话题以前就听他们聊过，可今天的话题还有"流转税""行为税""资源税"等。这些税收名词令樱子大惑不解。

　　1. 樱子的说法对吗？
　　2. 你们能替樱子解释为什么她的爷爷奶奶要交税吗？
　　3. 樱子了解的税收分类还有哪些？你可以为她补充吗？
　　4. 你们听过樱子口中的"增值税"的征收范围吗？猜猜樱子爸爸的朋友是开什么公司的？
　　5. 樱子已经进入职业学校学习会计专业，随着本书每一个税种的学习，相信樱子能解决她的困惑。

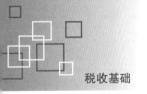
税收基础

项目 1.1 税收基础知识

☆知识目标

➢ 税收的定义

➢ 税收的三大职能

➢ 税收的强制性、无偿性和固定性等基本特征

◆能力目标

➢ 学习税收产生的原因，能够区分税收与财政收入不同以及税收在我国社会主义市场经济条件下的作用

你想了解税收吗？在我们日常生活中，很多事物都与这个名词有关，纳税还是每个公民应尽的义务。本杰明·富兰克林说过一句名言：世界上只有两件事是不可避免的——死亡和纳税。所以，身为会计专业的学生，了解税收基本知识是非常有必要的。让我们一起在学中做、在做中学，一起来开启税收基础知识的大门！

一、税收的概念

税收，简称税，又称税收、税赋、税负、税捐、租税等，已经存在四千多年了。

税收是国家为满足社会公共需要，凭借公共权力，按照法律所规定的标准和程序，参与国民收入分配，强制取得财政收入的一种特定分配方式。它体现了国家与纳税人在征收、纳税的利益分配上的一种特殊关系，是一定社会制度下的一种特定分配关系。税收收入是国家财政收入最主要的来源。马克思指出："赋税是政府机器的经济基础，而不是其他任何东西"，"国家存在的经济体现就是捐税"。恩格斯指出："为了维持这种公共权力，就需要公民缴纳费用——捐税。"19世纪，美国法官霍尔姆斯说："税收是我们为

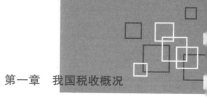

文明社会付出的代价。"这些都说明了税收对于保障国家经济生活和推进社会文明的重要作用。

▶ 知识链接

中国最早的市场税收

古代市场称为市。市是商品经济发展的产物，由来已久。商代末年，商人贸易就已出现，但当时手工业和商业都属官办，所以没有市场税收。到西周后期，由于商品经济的发展，在官营工商业之外，出现了以家庭副业为主的私营手工业和商业，集市贸易日益增多，因此，出现了我国历史上最早的市场税收。

周代市场在王宫北垣之下，东西平列为三区，分别为朝市、午市和晚市。市场税收实行"五布"征税制；市场税收由司市、雇人、泉府等官吏统一管理，定期上缴国库。

中国最早的田税

春秋时期鲁国实行的"初税亩"。据《春秋》记载，鲁宣公十五年（公元前594年），列国中的鲁国率先实行初税亩，这是征收田税的最早记录。这种税收以征收实物为主。实行"初税亩"，反映了土地制度的变化，是一种历史的进步。

中国最早的车船税

最早对私人拥有的车辆和舟船征税是在汉代初年。早在武帝元光六年（公元前129年），汉朝就颁布了征收车船税的规定，当时叫"算商车"。"算"为征税基本单位，一算为120钱，这时的征收对象还只局限于载货的商船和商车。元狩四年（公元前119年），开始把非商业性的车船也列入征税范围。法令规定，非商业用车每辆征税一算，商业用车征税加倍；舟船五丈以上征税一算，"三老"（掌管教化的乡官）和"骑士"（由各郡训练的骑兵）免征车船税。法令同时规定，对隐瞒不报或呈报不实的人给予处罚，对告发的人进行奖励。元封元年（公元前110年），车船税停止征收。

二、税收与国家、经济、财政、法律之间的关系

（一）税收与国家的关系

税收是以国家为主体，与国家政权紧密联系的一种特定分配。有了国家才可能有税收，国家的存在是税收的产生和存在的一个政治前提条件。而税

收又是国家赖以生存的重要物质基础，是国家财政收入的主要来源。国家在一定时期根据客观经济形势发展的需要，通过扩大或缩小征税范围调整征税对象，以达到限制或鼓励国民经济中某些产业、行业发展的目的。

（二）税收与经济的关系

税收实践证明，在市场经济条件下，经济越发展，税收越重要。税收是在国家产生以后，又具备了一定的社会经济条件后才产生、存在和发展的。而现实的经济条件是决定税收存在的内在依据。经济是社会再生产过程中生产、分配、交换、消费等各个环节多种活动的总称，社会发展水平影响税收分配的规模和增长速度。因此，经济是税收得以存在和发展的基础。经济决定税收，税收依赖于经济。

（三）税收与财政的关系

由于税收与社会再生产中生产、交换、分配、消费等环节息息相关、联系密切，直接调节着各种经济成分的收入，影响各个经济主体的切身利益，并广泛渗透到社会经济生活的各个方面，因此，税收还是国家财政反作用于经济的一个重要杠杆。财政的经济杠杆作用有相当一部分是通过税收体现的。从财政收入的构成来看，税收在财政收入中居于主导地位。随着国家机器的不断强化、国家之间战争的发生、生产社会化所带来的国家职能扩大以及其他原因，使各国政府开支迅速增加，亟须开辟多种财源以资弥补，因此，公债、专卖收入、公有财产收入、行政规费收入以及其他名目繁多的杂项收入等财政收入形式应运而生。但是，亘古通今，在历代各国的财政收入中，税收却一直保持着它的主导地位。税收来源的充沛与否，至今仍然是衡量各国财政基础是否稳固的一个重要标志。

（四）税收与法律的关系

与税收对应的法律是税法。税法是法学概念，而税收是经济学概念。税法与税收密不可分，税收是税法所约束和规范的具体内容；税法是税收法律的表现形式，是用于约束和规范征纳关系的法律规范的总称，同时，税法是国家法律的重要组成部分，是国家征税的法律依据。

三、税收的本质

（一）税收的主体是国家和政府

税收与国家有本质的联系，它作为取得财政收入的一种手段，其掌握者和运用者只能是国家。也就是说，税收是由国家或政府征收的，而不是其他机构和组织。征税权力只属于国家，包括中央政府和地方政府，具体而言，征税办法由国家立法机关制定，征税活动由政府组织进行，税收收入由政府支配管理。除政府外，其他任何组织或机构均无征税权。

（二）国家征税凭借的是国家的政治权力

国家要取得任何一种财政收入，都是以其所拥有的某种权力为依托的。这种权力包括财产权力和政治权力两种。资本拥有者取得利润，食利者取得利息，土地出租者取得地租，工人取得工资，凭借的是他们所拥有的生产资料所有权和劳动力所有权，均属于财产权力。而国家取得收入，凭借的是政治权力而不是财产权力。也就是说，税收是以国家名义，通过一定的法律程序，按事先确定的标准向社会集团和个人强制执行征收的。

（三）国家征税的目的是满足社会公共需要

任何一个国家，为了保证其社会管理职能的顺利行使和国家机器的正常运转，都需要具备一定的物质基础。而国家本身并不直接创造物质财富，只能以税收的形式参与社会产品的分配，取得物质财富，用于行使国家职能；同时，为了满足公民物质文化生活的需要和各项法定权利的实现，以及企事业单位发展的需要，国家也必须以税收的形式聚积大量资金，用于工农业基础建设和社会公共设施建设，发展科学技术、文化、教育、卫生等事业。因此，税收从它产生之日起，就是国家取得财政收入的重要手段。

（四）税收是国家参与社会产品分配的一种特殊形式

税收是国家凭借政治权力，把社会产品的一部分变为国家所有。这样，一部分社会产品即由私人和厂商向国家转移，从而使国家对社会产品的占有从无到有，纳税人对社会产品的占有从多到少。税收就是这样执行社会产品分配职能的。

四、税收的特征

税收作为一种特定的分配形式，有着自身固有的形式特征，即强制性、无偿性、固定性。这三个特征是税收区别于其他财政收入的基本标志。

（一）强制性

强制性是指法律一经确定征税，国家对负有纳税义务的社会集团和社会成员即享有征税的权力，企业、单位和个人即负有依法纳税的义务；对拒不纳税或逃避纳税者，国家依法给予强制征收或法律制裁。

（二）无偿性

无偿性是指国家取得税收收入，既不需要偿还，也不需要付出任何形式的代价。税收形式的强制性决定了征税收入不必偿还。无偿性是税收的重要特征，它使税收明显区别于还本付息的国债等其他财政收入，也区别于工商、交通等行政管理部门为用于社会服务而收取的各种形式的规费。

（三）固定性

固定性是指国家征税必须通过法律形式，事先规定征税对象、征税范围和征收比率。未经严格的立法程序，任何单位和个人都不得随意变更或修改征税细则。税收的固定性特征，使之与社会上部分部门或单位存在的随意罚款与摊派等行为严格地区别开来。

税收的"三性"特征是相互联系的统一体。其中，税收的无偿性是核心，强制性是保证，固定性是上述两者的必然结果。

五、税收的职能

职能是指客观事物本身固有的内在功能。税收的职能包括以下三个方面：

（一）筹集资金的职能

筹集资金是税收的基本职能。之所以有这个职能，是因为税收具有强制性、无偿性、固定性的特点，筹集财政收入稳定可靠。税收的这种特点，使其成为世界各国政府财政收入的基本形式。目前，我国税收收入已占国家财政收入的90%以上。

（二）调节经济的职能

人们常把能改变物质利益关系，影响人们的经济行为，使之朝着既定方向和目标运转的一切经济手段或方法统称为经济杠杆。税收就是一种由政府直接掌握的经济杠杆。运用税收这一杠杆调节经济，包括宏观和微观方面：在宏观方面，通过增加或减少税收收入总量，相应减少或增加企业和个人的支付或购买能力，使社会供给和总需求趋向平衡，以维持经济的稳定发展；在微观方面，通过变动税收分配方法，产生对企业和个人物质利益的不同影响，引导企业和个人调整自己的经济活动，以配合产业政策，促进生产结构、消费结构的调整。

（三）资源配置的职能

资源配置是通过对现有的人力、物力、财力等社会经济资源的合理调配，实现资源结构的合理化，使之得到最有效的使用，从而获得最大的经济效益和社会效益。在市场经济条件下，资源配置应该由市场完成，但由于市场缺陷的客观存在，无法使社会资源配置的效率达到最佳，必须要加以补充，税收就是政府进行资源配置调整时较为有力的工具。通过征税，可以对社会资源进行重新配置，使社会效益达到最优。

六、社会主义市场经济条件下税收的作用

税收的作用是税收职能的外在表现。在社会主义市场经济条件下，税收有以下五个方面的作用：

（一）为社会主义现代化建设筹集资金

税收因为具有强制性、无偿性等特性，能够为国家经济建设提供大量的资金。当前，税收已成为国家财政收入的主要支柱，90%以上财政收入靠税收来集中。它是保证社会公共需要的主要物质基础，通过税收活动可以在制度上保证政权和经济建设的需要，确保有足够的资金进行社会主义现代化建设。

（二）体现公平税收，促进公平竞争

利润是企业一定时期的经营成果，是考核企业经营状况的综合指标。影

响企业利润水平的因素有很多，除经营管理水平等主观因素外，还有价格、资源占有、地理位置等客观因素。为了保障企业的公平竞争环境，根据量能负担的原则，国家通过征税，即把客观因素造成的企业极差收入收归国家所有，从而消除客观因素对企业利润水平的影响，使企业在相对平等的条件下开展竞争。

（三）调节分配，促进共同富裕

在市场经济体制下，我国部分公民通过诚实劳动和合法经营率先富裕起来。此外，经济发达地区通过充分发挥自身的优势也实现了"先富"。为了调整收入高低悬殊的状况，国家通过征税，缓解公民之间收入相差悬殊的问题，以体现社会公平、维护社会稳定。

（四）调节经济总量，保持经济稳定

经济稳定要求经济发展不出现大幅度波动，不出现萎缩和通货膨胀。税收杠杆是国家干预经济，进行宏观调节，实现经济政策目标的重要手段之一。

在需求过旺、供给不足，甚至发生通货膨胀的情况下，可扩大应纳税额的基数，提高税率，增加税收，减少企业和个人的可支配收入，压缩社会总需求，减轻通货膨胀的压力。反之，当经济萎缩时，则要降低税率，减少税收，增加消费和投资，扩大社会总需求，使社会总供求趋于平衡，达到稳定经济的目的。

（五）维护国家权益，促进对外经济往来

税收是行使国家主权，维护国家利益的重要经济杠杆之一。

在对外贸易中，通过税收的调节，对进出口的不同商品规定差别较大的税率，以此来调节进出口产品的品种和数量，达到既保护国内工农业生产，又有利于引进所需商品的目的。通过对鼓励出口类商品的免征税和实行消费税、增值税的出口退税，使中国出口商品以不含税的价格进入国际市场，以扩大出口，增加外汇收入。同时，还可以通过涉外税收的各种优惠待遇，吸引外资，从而引进资金和先进的技术以及管理方法，助力中国经济稳定发展。

项目1.2 税收制度和税法

☆知识目标

➢ 学习税收制度税法内容
➢ 学习税收制度构成要素
➢ 学习税收的分类

◆能力目标

➢ 完成从不同角度对同一种税收作不同的归类，对纳税、征税对象、计税依据、税目纳税环节等作一个简单描述。

一、税收制度与税法的定义

税收制度是组织财政收入的依据。要认识税收制度，必须首先把握税收制度的内涵及其作用。

（一）税收制度的概念

税收制度简称"税制"，它是国家以法律或法令形式确定的各种课税办法的总和，反映国家与纳税人之间的经济关系，是国家财政制度的主要内容，也是国家以法律形式规定的各种税收法令和征收管理办法的总称。税收制度的内容包括税种的设计，以及各个税种的具体内容，如征税对象、纳税人、税率、纳税环节、纳税期限、违章处理等。广义的税收制度还包括税收管理制度和税收征收管理制度。一个国家制定什么样的税收制度，是生产力发展水平、生产关系性质、经济管理体制，以及税收应发挥的作用决定的。不同社会制度或同一社会制度的不同历史发展时期，税收制度是不同的或不完全相同的。符合客观经济规律的税收制度对生产力的发展可以起促进作用，而违反客观经济规律要求的税收制度则会阻碍社会生产力的发展。

税收制度作为调整政府与纳税人分配关系的规范，是实现税收职能、发挥税收作用的制度需要。

税收制度的作用主要表现在以下三个方面：

第一，对税收分配关系进行规范是税收制度最基本的作用。税收是以国家为主体的无偿性的分配，它必须借助于法律的强制力才能实现。税收制度一方面为税务机关提供了征税的法律依据；另一方面又为纳税人提供了缴税的法律准绳，将整个税收分配纳入有序的法律轨道。

第二，为税收征管活动提供依据和准绳也是税收制度的特殊作用。税收制度对税收制度要素、征收机关的职责分工、征管权限划分、征管形式和方法等都做了明确规定，从而为征税机关提供了行为准则和工作规程。

第三，为实现税收职能和作用提供法律保证。税收的职能与作用不可能自发地实现，需要通过税收制度的强制实施予以保障。离开了税收制度的法律保障，税收的职能和作用是无从发挥的。

（二）税法的概念

税法就是国家凭借其权力，利用税收工具的强制性、无偿性、固定性的特征参与社会产品和国民收入分配的法律规范的总称。

税法是国家制定的用以调整国家与纳税人之间在征税方面的权利与义务关系的法律规范的总称。它是国家及纳税人依法征税、依法纳税的行为准则，其目的是保障国家利益和纳税人的合法权益，维护正常的税收秩序，保证国家的财政收入。

税收法律关系在总体上与其他法律关系一样，都是由权利主体、客体和法律关系内容构成的，但在三个方面的内涵上，税收法律关系则具有特殊性。

1. 权利主体

权利主体即税收法律关系中享有权利和承担义务的当事人。在我国的税收法律关系中，权利主体一方是代表国家行使征税职责的国家税务机关，包括国家各级税务机关、海关和财政机关；另一方是履行纳税义务的人，包括法人、自然人和其他组织，在华的外国企业、组织、外籍人、无国籍人，以及在华虽然没有机构、场所但有来源于中国境内所得的外国企业或组织。这种对税收法律关系中权利主体另一方的确定，在我国采取的是属地兼属人的原则。

2. 权利客体

权利客体即税收法律关系主体的权利、义务所共同指向的对象，也就是征税对象。例如，所得税法律关系客体就是生产经营所得和其他所得；财产税法律关系的客体即财产；流转税法律关系客体就是货物销售收入或劳务收入。税收法律关系客体也是国家利用税收杠杆调整和控制的目标，国家在一定时期根据客观经济形势发展的需要，通过扩大或缩小征税范围调整征税对象，以达到限制或鼓励国民经济中某些产业或行业发展的目的。

3. 税收法律关系的内容

税收法律关系的内容就是权利主体所享有的权利和所应承担的义务，它规定权利主体可以有什么行为，不可以有什么行为；若违反了这些规定，须承担什么样的法律责任。

税法一般都由若干要素组成，主要有总则、纳税义务人、征税对象、税目、税率、纳税环节、纳税期限、纳税地点、减免税、罚则、附则等。了解这些要素的构成有助于全面掌握和执行税法的规定。

二、税制的构成要素

税制的核心内容是税法，因此税制构成要素也称税收要素、税法要素。税制构成要素包括税种的设计、各个税种的具体内容，如征税对象、纳税人、税率、纳税环节、纳税期限、违章处理等。

（一）纳税人

1. 纳税人的概念

纳税义务人简称纳税人，是税法规定的直接负有纳税义务的单位和个人，也称纳税主体。无论何种税法，都要规定相应的纳税义务人。因此，纳税义务人是税法的基本要素。

纳税义务人包括自然人和法人。

（1）自然人。自然人指依法享有民事权利，并承担民事义务的公民个人，如在中国从事工商活动的个人，以及工资和劳务报酬的获得者等，都是以个人身份来承担法律规定的民事责任及纳税义务的。

（2）法人。法人指依法成立，有一定的组织机构，具有能够独立支配的财产，并能以自己的名义享受民事权利和承担民事义务的社会组织，如企业、社会组织和社会团体，都是以其社会组织的名义承担民事责任的。法人是符合一定条件的社会组织在法律关系中的人格化。法人和自然人一样，负有依法向国家纳税的义务。

2. 与纳税人相关的概念

在实际纳税过程中，与纳税人相关的概念有：代扣代缴义务人、负税人和纳税单位。一般情况下，国家税务机关和纳税人是直接发生纳税关系的。但在某些特殊情况下，为了简化征税手续，减少税款流失，需要由与纳税人发生经济关系的单位和个人代国家扣缴税款，即代扣代缴义务人，也称扣缴义务人。

（1）代扣代缴义务人。代扣代缴义务人是指有义务从纳税人收入中扣除其应纳税款并代为缴纳的企业、单位或个人。对税法规定的扣缴义务人，税务机关向其颁发代扣代缴证书，明确其代扣代缴义务。代扣代缴义务人必须严格履行扣缴义务，对不履行扣缴义务的，税务机关应视情节轻重予以适当处置，并责令其补交税款。例如，《中华人民共和国个人所得税法》规定：个人所得税以所得的人为纳税义务人，以支付所得的单位或个人为扣缴义务人。

（2）负税人。纳税人和负税人是两个既有联系又有区别的概念。"纳税人"是法律用语，指直接向税务机关缴纳税款的单位和个人。"负税人"是经济学概念，指税款的最终承担或实际负担者。纳税人并不一定就是税款的实际负担者，即负税人。纳税人和负税人是否一致，以负税能否转嫁为依据进行划分，这主要取决于税种的性质。例如，对烟、酒、化妆品等采取高税政策，就把一部分负担转移到消费者身上；当某些商品供不应求时，纳税人可以通过提高价格把税款转嫁给消费者，从而使纳税人和负税人不一致。但在某些情况下，如对于个人所得税和企业所得税而言，由于不存在税负转嫁的可能，则纳税人就是负税人。

（3）纳税单位。纳税单位是指申报缴纳税款的单位，是纳税人的有效集合。所谓有效就是为了征管和缴纳税款的高效和便利，可以允许在法律上负有纳税义务的同类型纳税人作为一个纳税单位，填写一份申请表。例如，我国个人所得税可以以个人为一个纳税单位，也可以以夫妻俩为一个纳税单位，还可以以一个家庭为一个纳税单位；公司所得税可以以每个分公司为一个纳税单位，也可以以总公司为一个纳税单位。

（二）征税对象

征税对象又称征税客体，是指对什么东西征税，是征税的标的物。征税对象反映了征税的广度，是区别不同税种的主要标志，是税制的基本要素。

征税对象是税法中的一个重要因素，因为：①征税对象体现着各种税的征税范围。例如，增值税的征税对象是对销售或进出口货物，提供加工、修理修配劳务征税；企业所得税是对企业生产、经营所得和其他所得征税。②征税对象是一种税区别于另一种税的最主要标志，所以，各种税的名称通常都是根据征税对象为基础确定的。又如税率，税率本身表示对征税对象征税的比率或征税数额，若没有征税对象，也就无从确定税率，因此，税率这一要素也是以征税对象为基础确定的。

与征税对象相关的概念有计税依据、税源、税目。

（1）计税依据。计税依据又称税基，它是计算应征税额的依据，是征税对象量的表现，不同税种有不同的计税依据。如企业所得税的计税依据是企业的应纳税所得额；增值税的计税依据一般是货物和应税劳务的增值额；营业税的计税依据是营业收入金额等。计税依据在表现形态上有两种：一种是价值形态，即以征税对象的价值作为计税依据，也就是通常说的从价计征。例如，营业税的征税对象是营业收入，计税依据也是营业收入。另一种是实物形态，就是以征税对象的数量、面积、重量等作为计税依据，也就是通常说的从量计征。例如，中国的消费税中对黄酒征税，征税对象是黄酒，而计税依据是销售吨数。一般而言，从价计征的税收以计税金额为计税依据；从量计征的税收是以征税对象的重量、容积、体积、数量等为计税依据。

征税对象和计税依据反映的都是征税客体，前者反映的是对什么征税，后者解决的是如何计量。

（2）税源。税源指税收的来源或税收的源泉，即税收的最终来源。在商品经济条件下，税收收入总是当年新创造的国民收入的构成部分。能够成为税源的只能是国民收入分配中形成的各种收入，如工资、奖金、利润、利息等。税源和征税对象是有区别的，征税对象是指对什么征税，税源则是指税收价值源泉。多数情况下两者不一致，如对财产征税，征税对象为财产，税源是纳税人的收入，两者不一致；而对于企业所得税，则征税对象和税源是一致的。

（3）税目。税目是各个税种所规定的具体征税项目，它是征税对象的具体化，反映具体的征税范围，体现征税的广度。不是所有的税种都规定税目，有些税种的征税对象简单、明确，没有另行规定税目的必要，如房产税、屠宰税等。但是，对于大多数税种而言，一般的征税对象都比较复杂，且税种内部不同征税对象之间需采取不同的税率档次进行调节。这样就需要对征税对象作进一步划分，做出具体的界限规定，这个规定的界限范围就是税目。

（三）税率

税率是应纳税额与征税对象数额之间的法定比例，是计算税额的尺度，

体现着征税的深度。税收的固定性特征主要通过税率体现。在征税对象确定的前提下,税率形式的选择和设计的高低,决定着国家税收收入的规模和纳税人的负担水平,因此,税率是税收制度的中心环节。科学合理地设置税率是正确处理国家、企业和个人之间的分配关系,充分发挥税收经济杠杆作用的关键。

税率的高低反映了国家在一定时期的政策要求,关系纳税人负担轻重,关系政府、生产经营单位和个人三者之间的经济利益。因此,税率是税收制度的核心和灵魂。合理地设计税率,正确地执行有关税率的规定,是依法治税的重要内容。我国税率的设计,主要是根据国家的经济政策和财政需要、产品的盈利水平以及不同地区生产力发展不平衡的现状,以促进国民经济协调发展,兼顾国家、部门、企业的利益为目的,做到合理负担、取之适度。不同税种之间,税率的设计原则并不完全一致,但总体设计原则是一致的,即:①税率的设计要体现国家政治、经济、社会政策,如消费税率设计原则之一是体现国家的消费政策,限制部分种类商品的消费;②税率的设计要保持公平、简化的性质,如增值税只设了基本税率、低税率和零税率三档税率。

中国现行的税率的基本形式有以下三种:

1. 比例税率

比例税率就是对同一征税对象,不分数额大小,规定相同征收比例的税率。我国的增值税、营业税、企业所得税等采用的是比例税率。比例税率在具体运用上,又可分为以下三种:

(1)产品比例税率。产品比例税率即一种(或一类)产品采用一个税率。我国现行的消费税、增值税等都采用这种税率形式。在产品比例税率中又可分类、分级、分档确定税率,如消费税中,酒按类别设计税率,卷烟按级设计税率,原油按档次设计税率等。

(2)行业比例税率。行业比例税率即对不同行业采用不同的税率。它一般适用于营业收入的征收,如建筑业企业税率为3%,金融保险企业税率为5%。

(3)有幅度的比例税率。有幅度的比例税率是指对同一征税对象,税法只规定最低税率和最高税率,在这个幅度内,各地区可以根据实际情况确定适用的税率。例如,娱乐业的营业税税率为5%～20%,在此幅度内,各省(市)、自治区、直辖市可根据当地的实际情况确定适当的税率。

2. 累进税率

有幅度的比例税率是指对同一征税对象,随着数量的增加,征收比例也随之增高的税率。即将征税对象按数额大小划分为若干等级,对不同等级规定由低到高的不同税率,包括最低税率、最高税率和若干级次的中间税率。也就是说,征税对象数额越大税率越高,数额越小税率越低。累进税率可以更有效地调节纳税人的收入,正确处理税收负担的纵向公平问题。

累进税率按其累进依据,可分为依额累进(即按征税对象数量的绝对额累进)和依率累进(即按征收对象的相对数量累进),简称"额累"和"率累"。额累是按征税对象数量的绝对额分级累进,如所得税一般按所得额大小分级累进。率累是按与征税对象有关的某一比率分级累进,我国现行税制中,采用这种税率的只有土地增值税。累进税率的累进方式也有两种,包括按征税对象的全部数量累进和只对征税对象超过一定量的部分累进。将不同的累进依据和不同的累进方式交叉组合,可形成全额累进、超额累进、全率累进、超率累进等多种累进税率。本节介绍全额累进税率和超额累进税率。

以个人所得税的计算为例,简化的累进税率表见表1-2-1。

表1-2-1 简化的累进税率表

级 次	含税级距(元)	税率(%)	速算扣除数
1	不超过1 500元的	3	0
2	超过1 500元至4 500元的部分	10	105
3	超过4 500元至9 000元的部分	20	555
4	超过9 000元至35 000元的部分	25	1 005

注:个人所得税起征点为3 500元。

(1)全额累进税率。全额累进税率是以征税对象的全部数额为基础,计征税款的累进税率。它有两个特点:①在确定应纳税所得额后,相当于按照比例税率计征,计算方法简单;②税收负担不合理,特别是在累进分界点上税负呈跳跃式递增,甚至会出现增加的税额超过增加的征税对象数额的现象,这对鼓励纳税人增加的积极性是不利的。

【案例1-2-1】何莉,一名广告设计者,2011年3月薪金收入为8 000元,如实行全额累进税率,其应纳税额为:

$$(8\ 000 - 3\ 500) \times 10\% = 450(元)$$

【案例1-2-2】赵希也是一名广告设计者。2011年3月薪金收入为8 001元,如实行全额累进税率,其应纳税额为:

$$(8\ 001 - 3\ 500) \times 20\% = 900.20(元)$$

案例1-2-1与案例1-2-2相比,赵希比何莉只多了1元应纳税所得

额,但要多缴450.20元的税额。由此可见,全额累进税率虽然计算简便,但在临界部分将出现税负陡增现象。

(2)超额累进税率。超额累进税率就是对征税对象数额超过前级的部分按高一级的税率计算应纳税的累进税率。它的特点是:①计算方法较复杂,数额越大,等级越多,计算步骤越多;②累进幅度比较缓和,税收负担较为合理。

【案例1-2-3】纳税人赵希,2011年3月薪金收入为8 001元,采用超额累进计算,其应纳税额为:

第一级,$1\,500 \times 2\% = 45$(元)

第二级,$(4\,500 - 1\,500) \times 10\% = 300$(元)

第三级,$(4\,501 - 4\,500) \times 20\% = 0.20$(元)

应纳税额 $= 45 + 300 + 0.20 = 345.20$(元)

案例1-2-3与案例1-2-2相比,对相同数额的应纳税所得额来说,超额累进的税法要比全额累进的税负轻(要少负担105元),也就是说超额累进税率的累进幅度比较缓和,更能体现合理税法的原则。

超额累进税率是各国普遍采用的一种税率。为解决超额累进税率计算税款比较复杂的问题,在实际工作中采用"速算扣除法"。即按全额累进的方法计算出额税,再从中减去一个"速算扣除数"(表1-2-1),其差额即为超额累进的应纳税额,公式为:

应纳税额 = 应纳税所得额 × 适用税率 - 速算扣除数

例如,案例1-2-3采用速算扣除法计算,计算出的应缴税额相同。

$4\,501 \times 20\% - 555 = 900.20 - 555 = 345.20$(元)

速算扣除数,指预先按全额累进计算的税额同按超额累进计算的税额相减得出的超额数。第三级的速算扣除数555元,就是案例1-2-2的应纳税额减去案例1-2-3的应纳税额(900.20 - 345.20 = 555元)。

3. 定额税率

定额税率又称固定税额。这种税率根据征税对象计量单位,直接规定固定的征税数额,一般适用于从量计征的情况。征税对象的计量单位可以是质量、数量、面积、体积等计量单位,也可以是专门规定的复合单位。例如,土地使用税、耕地占用税分别以"平方米"和"亩"为计量单位;资源税种的天然气以"千立方米"这一复合单位为计量单位。按定额税率征税,税额的多少只同征税对象的数量有关。

定额税率可分为单一定额税率和差别定额税率。在同一税种中只用一种定额税率的,为单一定额税率;同时采用几个定额和税率的,为差别定额税率。差别定额税率有以下两种表现形式：

（1）地区差别定额税率。地区差别定额税率即对同一征税对象按照不同地区分别规定不同的征税数额。现行的资源税、土地使用税、耕地占用税和屠宰税等都属于此种税率。其中，土地使用税和耕地占用税又是有幅度的地区差别定额税率。采用这种税率制度，能够对不同地区同一应税品种盈利高低悬殊的情况进行有力的直接调节，有利于把价格中所含的级差收入收归国家。

（2）分类分项定额税率。分类分项定额税率首先按某标志把征税对象分为几类，每一类再按一定标志分为若干项，然后对每一项分别规定不同的征税数额。现行税制中车船税即属于这种税率。它把车船分为乘用车、商用车客车、商用车货车、船舶、机动船舶等几类，各类车船有的按辆规定每年固定税额，有的按整备质量的大小分为不同分级，分别规定每年整备质量每吨的固定税额。

（四）减税、免税

减税、免税是根据国家政策，对某些纳税人和征税对象给予鼓励和照顾的一种特殊规定。减税是从应征税款中减征部分税款，免税是免征全部税款。减税、免税之所以必要，主要是因为税法的一般规定具有普遍性，适应一般性的情况，而客观事物是有差别的，经济活动具有特殊性和时间阶段性，因此，需要税法做出相应的特殊规定，以适应这种差别，通过减税、免税等特殊调节手段来加以补充，从而把税法的统一性和必要的灵活性结合起来，更好地贯彻国家的税收政策，充分发挥税收的经济杠杆作用。减税、免税是直接通过减少国家收入，增加纳税人的经济利益来发挥对经济的调节作用，是刺激生产经营的特殊手段。因此，它只适用于特定条件下的调节，须严格控制其使用，并高度集中减税、免税权。

（五）纳税环节

纳税环节是指，税法规定的征税对象从生产到消费的流转过程中，具体确定在哪个环节应当缴纳税款，该被确定的环节就称为纳税环节。纳税环节有广义和狭义之分，在此指狭义的纳税环节，即每一种税的纳税环节，主要是指商品流转征税的纳税环节（所得征税、财产征税、行为征税等都是在哪一环节取得收入就在哪一环节征税）。国家对不同的商品征税往往确定不同的纳税环节。按纳税环节的多少，可制定不同的税收课征制度，如现行的消费税和资源税。多次课征制是指统一税种在商品流转过程中选择两个或两个以上环节课征的制度。纳税环节的确定不仅关系到税制结构和整个税制的布局,而且对于控制税源、保证财政收入和平衡地区的收入、便于纳税人缴税、促进加强核算工作,都有重要意义。

（六）纳税期限

纳税期限指税法规定的纳税人向国家缴纳税款的法定期限。国家对各个税种都有纳税期限的明确规定,这对保证财政收入的稳定性和及时性有重要作用。

中国现行税制的纳税期限有以下三种形式：

1. 按期纳税

根据纳税义务的发生时间,通过确定纳税间隔期,实行按期纳税。按期纳税间隔期分为1日、3日、5日、10日、15日和1个月六种。纳税人的具体纳税将各期限由其主管税务机关按规定核定。

以1个月为一期纳税的,自期满之日15日内申报纳税；以其他间隔期为纳税期的,自期满之日起5日内预缴税款,于次月1日起15日内申报纳税并结清上月税款。

2. 按次纳税

不能按照固定期限纳税的,可根据纳税行为的发生次数确定纳税期限,如屠宰税、耕地占用税、遗产税等。

按规定的期限预缴税款,年度结束后汇算清缴,多退少补。这是对按年度计算税款的税种,为了及时平衡地取得税收收入而采取的一种纳税期限。分期预缴一般是按月或按季预缴,如企业所得税、房产税、土地使用税。

（七）纳税地点

纳税地点,主要是指根据各个税种纳税对象的纳税环节和有利于税款的源泉控制而规定的纳税人（包括代征、代扣、代缴义务人）的具体纳税地点。比如,营业税的纳税地点原则上采取属地征收的方法,就是纳税人在经营行为发生地缴纳税款。纳税地点的确定,便于缴纳税款和防止偷税、漏税等行为的发生。

三、税收分类

税收分类是指按照一定标准,对各个不同税种隶属税类所做的一种划分。进行税收分类,有利于了解各个税种的特点、性能、作用及税制结构体系。

（一）按征税对象的性质划分

税收按征税对象的性质划分，可分为流转税、所得税、资源税、行为税和财产税。

1. 流转税

流转税是对销售商品或提供劳务的流转额征收的一类税。流转税是我国现行税制中最大的一类税收，是主体税类。这类税种与商品生产和流通，以及商品价格、营业额紧密相连。对什么商品征税、税率多高均对商品经济活动有直接的影响，有助于发挥对经济的宏观调控作用。

现行税制中属于这类税种的主要有增值税、消费税、营业税、关税等。

2. 所得税

所得税是规定对纳税人在一定期间获取的应纳税所得额征收的一类税。所得额一般指有合法来源的所得，如利润、工资、劳务报酬、股息、利息、特许权使用费收入、财产租赁所得、遗产继承所得等。应纳税所得额是纳税人（通常一年）的合法所得，减去成本费用和法定允许扣除的其他各项支出后的余额。

所得税实行"多的多征，少的少征，无所得不征"的原则。因此，其特点是可以直接调节纳税人收入，发挥公平税负和调整分配关系的作用。

我国的所得税主要有企业所得税和个人所得税。

3. 资源税

资源税是对开发和利用各种自然资源获取的收入征收的一类税。课征此税的目的是为了保护和合理使用国家自然资源。其主要对因开发和利用自然资源差异而形成的极差收入发挥调节作用。

我国现行对资源课征的有三个税种：资源税、城镇土地使用税和耕地占用税等。

4. 行为税

行为税是对纳税人的某些特定行为征收的一类税。征收这类税，或是为了对某些特定行为进行限制、调节，使纳税人的微观活动符合宏观经济的要求；或是为了开辟财源，增加财政收入，为地方政府筹措财政资金。因此，行为税大都是为实现国家在某一历史时期的政策、达到一定的政治经济目的而开征的，具有较强的政策目的性。

我国现行税制中属于行为税的有印花税、车船税、屠宰税等。

5. 财产税

财产税是对纳税人所有或属其支配的财产数量或价值额征收的一类税。财产税的税额与财产的价值有一定的联系，有利于促使纳税人提高财产经济效益和调节部分级差收入。

我国现行税制中属财产税的有房产税、契税、遗产税（未开征）等。

（二）按税收管理用权限划分

税收按照管理和使用权限划分，可分为中央税、地方税、中央地方共享税。

1. 中央税

中央税是指由中央政府征收管理，收入归中央政府所有的税种。一般是指税源集中、收入大、涉及面广而由全国统一立法和统一管理的税种，当前主要有关税、消费税。

2. 地方税

地方税是指由中央统一立法，或由中央授予地方一定立法权，收入归地方，并由地方政府管理的税种。一般是与地方经济联系紧密，税源比较分散的税种。当前，地方税主要有房产税、车船税、屠宰税、土地使用税、契税等。

3. 中央、地方共享税

中央、地方共享税属于中央、地方分享的收入。立法和管理都归中央，但其收入由中央、地方分享。一般是把经济发展直接相关、收入较大，便于兼顾各方面的经济利益的税种列为中央地方共享税。增值税、资源税、所得税等为中央、地方共享税。

（三）按税收与价格的关系划分

按税收与价格的关系划分，税收可分为价内税和价外税。价内税是指税金是价格的组成部分，其价格的组成 = 成本 + 利润 + 税金；价外税是价格的一个附加或附加比例，其价格组成 = 成本 + 利润，价外税与企业的成本、利润、价格没有直接联系，能更好地反映企业的经营成果。与之相适应，价内税的计税依据为含税价格，如消费税；价外税的计税依据为不含税价格，如增值税。

（四）按计税标准划分

税收按计税标准划分，可分为从价税和从量税。从价税是以征税对象的价值为计税依据征收的各种税,如我国现行的增值税、营业税、关税等。从量税是以征税对象的自然实物量(质量、数量、面积、体积等)为计税依据的各种税,如我国现行的资源税、车船税等。

（五）按税负是否转嫁划分

税收按税负是否转嫁划分,可分为直接税和间接税。凡是税收由纳税人直接负担、通常不能转嫁他人的税种,称为直接税,如各种所得税、遗产税等。凡是纳税人可以将税负全部或部分转嫁给他人负担的税收称为间接税,如增值税、消费税等。

除了以上分类外,还有一些分类方法,如以税收收入的用途为标准,可分为一般税和特定税;按纳税人的国籍划分,分为国内税收和涉外税收两类,等等。

练 习 题

一、单项选择题

1. 税收的主体是（　　）。

A. 国家和政府　　　　　　　B. 企业单位

C. 个人　　　　　　　　　　D. 税务机关

2. 国家征税凭借的是（　　）权力。

A. 经济　　　　　　　　　　B. 财产

C. 政治　　　　　　　　　　D. 以上三者都有

3. 在国家财政收入中比重最大的是（　　）。

A. 国有资产经营收入　　　　B. 税收

C. 国债收入　　　　　　　　D. 政府规费收入

4. 税收最基本的职能是（　　）。

A. 组织收入职能　　　　　　B. 调节经济职能

C. 社会管理职能　　　　　　D. 调节收入分配职能

5. （　　）是国家征税的法律依据。

A. 经济法规　　B. 税法　　　　C. 刑法　　　　D. 民法

6. 税收制度最基本的作用是（　　）。

A. 对税收分配关系进行规范

B. 为税收征管活动提供依据和准绳

C. 为实现税收职能和作用提供法律保证

D. 规范政府与纳税人之间的征税关系

7. （　　）是征税对象的具体化。

A. 计税依据　　B. 税源　　C. 税目　　D. 税率

8. 税率这一要素是以（　　）为基础确定的。

A. 征税对象　　B. 纳税主体　　C. 计税依据　　D. 纳税人

9. （　　）就是以同一征税对象不分数额大小，规定相同的征收比例的税率。

A. 比例税率　　B. 累进税率　　C. 定额税率　　D. 复合税率

10. （　　）又称税基，它是计算税款的依据。

A. 税源　　B. 税目　　C. 计税依据　　D. 征税对象

11. 税收按（　　）可分为流转税、所得税、资源税、行为税和财产税。

A. 按税收管理和使用权限　　B. 按征税对象的性质

C. 按计税标准为依据　　D. 按税负是否转嫁为标准

12. 关于纳税人的叙述，不正确的是（　　）。

A. 纳税人是由税法直接规定的

B. 当存在税负转嫁时，纳税人和负税人就不一致

C. 扣缴义务人是纳税人的一种特殊形式

D. 纳税人可以是法人，也可以是自然人

13. 不同税种征税范围的差异是由（　　）决定的。

A. 纳税人　　B. 征税对象　　C. 税率　　D. 税源

二、多项选择题

1. 税收体现了（　　）之间的关系。

A. 国家　　B. 经济　　C. 财政　　D. 法律

2. 税收具有（　　）特点。

A. 固定性　　B. 无偿性　　C. 自愿性　　D. 强制性

3. 产生税收的经济条件是（　　）。

A. 剩余产品的产生　　B. 财产私有制的确立

C. 商品生产　　D. 国家的产生

4. 税收一般具有（　　）。

A. 组织收入职能　　B. 调节经济职能

C. 社会管理职能　　D. 调节收入分配职能

5. 在社会主义市场经济下，税收的作用有（　　）。

A. 为社会主义现代化建设筹集资金

B. 体现税收公平，促进公平竞争

C. 调节分配，促进共同富裕

D. 调节经济总量，保持经济稳定

E. 维护国家权益，促进对外经济往来

6. 对税收制度的理解，正确的有（　　）。

A. 税收制度是对某个税种或某些涉税事项的具体规定

B. 税收制度是税种体系的构成，也称税制结构

C. 税收制度就是税收体制

D. 税收制度作为调整政府与纳税人分配关系的规范，是实现税收职能、发挥税收作用的需要

7. 我国现行的税率主要有（　　）形式。

A. 比例税率　　B. 累进税率　　C. 定额税率　　D. 复合税率

8. 我国现行的纳税期限有（　　）形式。

A. 按期纳税　　　　　　　　B. 按次纳税

C. 按年计征、分期预交　　　D. 固定期限纳税

9. 现行税制中（　　）属于流转税。

A. 增值税　　B. 消费税　　C. 资源税　　D. 营业税

10. 属于中央税的有（　　）。

A. 关税　　B. 增值税　　C. 资源税　　D. 消费税

11. 属于直接税的有（　　）。

A. 企业所得税　B. 个人所得税　C. 增值税　　D. 消费税

12. 属于中央与地方共享税的有（　　）。

A. 房产税　　　　　　　　B. 增值税

C. 营业税　　　　　　　　D. 企业所得税

13. 属于免征额规定的有（　　）。

A. 每次劳务报酬在4 000元以下的，先扣除800元后再征收个人所得税

B. 增值税法规规定，对个人每月销售额货物超过5 000元的征税，没有超过5 000元的不征税

C. 每月"工资薪金所得"计征个人所得税时，以月工资薪金收入减去1 600元后余额为应纳税所得额

D. 个人"财产转让所得"可以扣除财产原值和相关税费后征收个人所

得税

三、判断题

1. 税收是无偿取得财政收入的一种形式。（　　）
2. 国家的存在是税收产生和存在的一个前提。（　　）
3. 税收决定经济，经济能影响和调节税收。（　　）
4. 国家征税的目的是为了实现其职能。（　　）
5. 税收的无偿性是核心，强制性是保证。（　　）
6. 税收制度的核心是税收条例和税收法规。（　　）
7. 征税对象是一种税区别于另一种税的最主要标志。（　　）
8. 个人也可以成为一个纳税单位。（　　）
9. 税目是各个税种所规定的具体征税项目，它是征税对象的具体化，反映具体的征税范围，体现征税的广度。（　　）
10. 按期纳税间隔期分为 1 日、5 日、10 日、15 日和 1 个月五种。（　　）
11. 国家税收基础的核心是税收负担。（　　）
12. 增值税、资源税、企业所得税为中央地方共享税。（　　）
13. 假设税法规定某税种的起征点为 800 元，税率为 10%，甲乙纳税人取得应税收入分别为 800 元和 900 元，则甲乙纳税人应分别纳税 0 元和 90 元。（　　）

第二章 增 值 税

> 导入案例

金星公司是一家啤酒生产企业，年销售额1 000万元。公司按照国家统一的会计制度设置账簿，会计制度健全。该公司2015年6月发生业务如下：

（1）1日，向湖北商贸公司销售4 000箱金星女士啤酒，对方为增值税一般纳税人，开出增值税专用发票，不含税价款96 000元，同时收取包装物押金11 700元。

（2）2日，向欣欣烟酒店销售金星男士啤酒2 000箱，对方为增值税小规模纳税人，开出普通发票，发票金额为46 800元。

（3）5日，因端午节向职工发福利，共计发放金星纯生啤酒1 000箱，金星纯生啤酒为该厂新近试产的产品，尚无对外销售价格。该啤酒每箱成本为30元，利润率为8%，假设已知该啤酒应纳消费税为2元/箱。

（4）6日，销售一台使用过的生产设备，取得转让收入共计18 720元（含税），该设备是公司于2010年3月购入的，购入时取得增值税专用发票，并在购入当期抵扣了进项税额。

（5）12日，从雄峰公司购入包装物纸箱一批，取得增值税专用发票注明的不含税价款为50 000元，增值税8 500元，取得运输发票注明的运杂费15 000元，其中运费11 000元，建设基金1 000元，保险费1 000元，装卸费1 000元；以上款项均已支付。

（6）15日，向农业生产者收购粮食一批，按收购发票支付收购价款35 000元。

（7）18日，购入小汽车一辆为办公室调配用车，不含税价100 000元，增值税税额11 700元。

（8）21日，购入生产设备一台，不含税金额40 000元，增值税税额6 800元。

（9）23日，向广东恒久公司销售10 000箱金星男士啤酒，开出增值税专用发票，不含税价款250 000元，增值税税额为42 500元。

（10）25日，委托山西金威公司加工一批麦芽，加工费已付，取得增值

税发票中注明加工费10 000元，增值税税额1 700元。

（11）27日，公司增资成功，一家股东以原材料入股，该批原材料投资合同约定价值为50 000元，增值税税额为8 500元，该股东已经开具了增值税专用发票。增资合同约定的价值与公允价值相符。

（12）30日，经公司盘点发现，上月购入的纸箱因管理不善而损毁一批，该批包装物的价款为5 000元，相关增值税税额为850元。

（13）该公司6月初增值税留抵金额为834元，当期取得的增值税专用发票均已通过认证。

项目2.1　增值税基础知识

☆知识目标

➢ 掌握一般纳税人和小规模纳税人的界定方法

➢ 掌握增值税的征税范围

➢ 掌握增值税的税率

◆能力目标

➢ 能够准确确定企业的某一经营行为是否属于增值税征税范围

一、增值税的概念

增值税是对在我国境内销售货物或者提供加工、修理修配劳务，以及进口货物的单位和个人，就其取得的货物或应税劳务的销售额，以及进口货物的金额计算税款，并实行税款抵扣制的一种流转税。

从计税原理上说，增值税是对商品生产和流通中各环节的新增价值或商品附加值进行征税，因此称为"增值税"。在实际工作中，应纳增值税的计算采用间接计算法，即实行税款抵扣制，以纳税人一定时期内商品和劳务的销售额乘以税率计算出全部销项税额,再减去同期各项外购项目所含的增值税税额,即进项税额,得出增值税一般纳税人当期应纳增值税税额。

二、增值税纳税义务人

在中华人民共和国境内销售货物或提供加工、修理修配劳务,以及进口货物的单位和个人,为增值税的纳税人,应当缴纳增值税。

增值税纳税人可以分为小规模纳税人和一般纳税人。

(一)小规模纳税人的认定

小规模纳税人指年销售额在规定标准以下,并且会计核算不健全,不能按规定报送有关税务资料的增值税纳税人。上述会计核算不健全是指不能正确核算增值税的销项税额、进项税额和应纳税额。

小规模纳税人的界定如下:

(1)从事货物生产或者提供应税劳务的纳税人,以及以从事货物生产或者提供应税劳务为主,并兼营货物批发或者零售的纳税人,年应征增值税销售额(以下简称"应税销售额")在50万元以下的,应认定为小规模纳税人。

(2)除第(1)项规定以外的纳税人,年应税销售额在80万元以下的,应认定为小规模纳税人。

(3)年应税销售额超过小规模纳税人标准的其他个人,按小规模纳税人纳税。

(4)非企业性单位、不经常发生应税行为的企业可自行选择按小规模纳税人纳税。

(二)一般纳税人的认定

一般纳税人是指年应征增值税销售额超过小规模纳税人标准的,有固定生产经营场所,能够按照国家统一会计制度规定设置账簿,根据合法、有效凭证核算,能够提供准确税务资料的企业和企业性单位。

增值税一般纳税人的认定,须由纳税人向税务机关提出申请报告,并提供税务登记证副本、经营场所证明、银行账号证明等国家税务总局规定的有关资料,经税务机关实地查验后办理认定。

新办小型商贸企业必须自税务登记之日起,一年内实际销售额达到80万元,方可申请一般纳税人资格认定。

实行税款抵扣制度,经税务机关审核认定的一般纳税人,可以使用增值税专用发票,在纳税环节可以用进项税额抵扣销项税额。

纳税人一经认定为正式一般纳税人,不得再转为小规模纳税人。

【案例2-1-1】 导入案例中,金星公司年销售额1 000万元,公司按照国家统一的会计制度设置账簿,会计制度健全。按照《增值税暂行条例》的规定,该公司在申请增值税纳税人的认定时,可申请认定为哪类增值税纳税人?

【分析】 该公司为生产企业,年销售额超过50万元,会计制度健全,可申请认定为增值税一般纳税人。

三、增值税征税范围

(一) 增值税征税范围的一般规定

按照税法规定,在我国境内销售货物或提供加工、修理修配劳务,以及进口货物的,均属增值税的征税范围。

(1) 销售货物是指有偿转让货物所有权的行为。有偿是指从购买方取得货款、货物或其他经济利益。货物指有形动产,包括电力、热力、气体,是相对无形资产和不动产而言的(转让无形资产和不动产应缴营业税)。

(2) 提供的加工、修理修配劳务,但不包括单位或者个体经营者聘用的员工为单位或雇主提供的加工和修理修配劳务。

(3) 进口货物,指报关进口的货物。

(二) 增值税征税范围的特殊规定

1. 视同销售行为

视同销售行为是指那些提供货物的行为其本身不符合增值税税法中销售货物所定义的"有偿转让货物的所有权"条件,或不符合财务会计制度规定的"销售"条件,而在征缴增值税时要视为销售货物征税的行为。确定视同销售行为的主要目的是为了强化税收征管、堵塞税收漏洞。具体包括以下行为:

(1) 将货物交付其他单位或者个人代销。

(2) 销售代销货物。

(3) 设有两个以上机构并实行统一核算的纳税人,将货物从一个机构移送其他机构用于销售,但相关机构设在同一县(市)的除外。

(4) 将自产或委托加工的货物用于非增值税应税项目。

(5) 将自产、委托加工的货物用于集体福利或个人消费。

(6) 将自产、委托加工或购进的货物作为投资,提供给其他单位或个体工商户。

(7) 将自产、委托加工或购进的货物分配给股东或者投资者。

(8) 将自产、委托加工或购进的货物无偿赠送其他单位或者个人。

2. 混合销售行为

一项销售行为既涉及增值税应税货物,又同时涉及非应税劳务(即应征营业税的劳务),为混合销售行为。从事货物的生产、批发或者零售的企业、企业性单位和个体工商户的混合销售行为,视为销售货物,应当缴纳增值税;其他单位和个人(即非增值税纳税人)的混合销售行为,视为销售非增值税应税劳务,不缴纳增值税,应缴纳营业税。

混合销售行为成立的判断标准有两点:一是必须在同一销售行为中,二是该项行为必须既涉及货物又同时涉及非应税劳务。例如,某电梯生产企业销售一台电梯,同时代客户安装,价格为80万元。该电梯生产企业在这台电梯的销售过程中,发生了销售货物和不属于增值税规定的劳务(该安装业务属于营业税"建筑业"税目的征税范围),这种行为就是混合销售行为。对于生产企业的混合销售行为,都视为销售货物,取得的价款和安装费一并作为货物销售款,按电梯销售适用的17%税率征收增值税,对取得的安装收入不再单独征收营业税。

增值税法对混合销售行为划分征税范围,既划定了增值税和营业税各自的征税范围,也解决了因适用税种不同所造成的征税和抵扣计算复杂的问题,便于征收管理。

3. 兼营非增值税应税劳务

(1) 兼营非增值税应税劳务的概念。增值税纳税人在销售应税货物或提供应税劳务的同时,还从事非应税劳务(即营业税规定的各项劳务),且二者之间并无直接的从属关系,这种经营活动就称为兼营非应税劳务。

(2) 兼营非增值税应税劳务征税的规定。第一,纳税人兼营非应税劳务,如果分别核算货物或应税劳务的销售额和非应税劳务的营业额,按各自适用的税率分别征收增值税和营业税。第二,纳税人兼营非增值税应税项目的,未分别核算的,由主管税务机关核定货物或者应税劳务的销售额。

(3) 兼营非增值税应税项目和混合销售的区别。混合销售行为强调的是一项销售行为同时涉及货物、非应税劳务,其范围仅指货物和非应税劳务的混合;兼营非增值税应税项目是指纳税人从事的销售行为既涉及货物和应

税劳务,又涉及非增值税应税项目,货物和非增值税应税项目不是一项销售行为中同时发生的。

4. 增值税特殊应税项目

属于增值税征收范围的特殊项目主要有以下七种:

(1) 货物期货(包括商品期货和贵金属期货),应当征收增值税。

(2) 银行销售金银的业务,应当征收增值税。

(3) 典当业的死当销售业务和寄售业代委托人销售寄售物品的业务,应当征收增值税。

(4) 集邮商品的生产、调拨增收增值税;邮政部门以外的其他单位和个人销售集邮商品的增收增值税。

(5) 邮政部门以外的其他单位与个人销售集邮商品。

(6) 缝纫业务。

(7) 经中国人民银行和商务部批准经营融资租赁业务的单位从事的融资租赁业务,征收营业税,不征收增值税。其他单位从事的融资租赁业务:租赁货物的所有权转让给承租方,征收增值税;租赁货物的所有权未转让给承租方(即出租),不征收增值税(其属于营业税中的经营租赁业务)等。

四、增值税税率和征收率

(一) 增值税税率

1. 基本税率

增值税一般纳税人销售或者进口货物,提供加工、修理修配劳务,除低税率适用范围和销售个别旧货适用征收率外,税率一律为17%。

2. 低税率

增值税一般纳税人销售或者进口下列货物,按低税率计征增值税,低税率为13%。包括以下几类货物:

(1) 粮食、食用植物油、鲜奶。

(2) 自来水、暖气、冷气、热水、煤气、石油液化气、天然气、沼气、居民用煤炭制品。

(3) 图书、报纸、杂志。

(4) 饲料、化肥、农药、农机、农膜。

(5) 国务院及其有关部门规定的其他货物。

3. 零税率

纳税人出口货物税率为零，国务院另有规定的除外。

（二）增值税征收率

由于小规模纳税人会计核算不健全，无法准确核算进项税额和销项税额，在增值税征收管理中，采用简便方式，按照其销售额与规定的征收率计算缴纳增值税，不允许抵扣进项税，也不允许使用增值税专用发票。按照现行增值税有关规定，对于一般纳税人的生产销售的特定货物，确定征收率，按照简易办法征收增值税，并视不同情况采取不同的征收管理办法。

1. 小规模纳税人的征收率

（1）小规模纳税人的征收率统一为3%。

（2）小规模纳税人（除其他个人外，下同）销售自己使用过的固定资产，减按2%征收率征收增值税。

（3）小规模纳税人销售自己使用过的除固定资产以外的物品，应按3%的征收率征收增值税。

2. 一般纳税人按照简易办法征收增值税的征收率

（1）一般纳税人销售自产的下列货物，可选择按照简易办法依照6%征收率计算缴纳增值税。

1）县级及县级以下小型水力发电单位生产的电力。小型水力发电单位，是各类投资主体建设的装机容量为5万千瓦以下（含5万千瓦）的小型水力发电单位。

2）建筑用和生产建筑材料所用的砂、土、石料。

3）以自己采掘的砂、土、石料或其他矿物连续生产的砖、瓦、石灰。

4）商品混凝土（仅限于以水泥为原料生产的水泥混凝土）。

5）自来水。

6）用微生物、微生物代谢产物、动物毒素、人或动物的血液或组织制成的生物制品。

（2）一般纳税人销售货物属于下列情形之一的，暂按简易办法依照4%征收率计算缴纳增值税。

1）寄售商店代销寄售物品（包括居民个人寄售的物品在内）。

2）典当业销售死当物品。

3）经国务院或国务院授权机关批准的免税商店零售的免税品。

（3）一般纳税人销售自己使用过的按规定不得抵扣进项税额的固定资产，按照4%征收率减半征收增值税。销售自己使用过的已抵扣进项税额

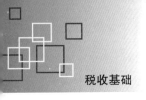

的固定资产，或销售除固定资产以外的物品，应当按照适用税率征收增值税。

应注意，纳税人兼营不同税率的货物或应税劳务，应当分别核算不同税率的货物或应税劳务的销售额，分别计税；未分别核算销售额的，从高适用税率征税。

【提示】现行实际工作中，小规模纳税人一般涉及两种情况：3%、减按2%；增值税一般纳税人在某些特殊情况下也使用征收率，涉及三种情况：6%、4%、4%再减半。

五、"营改增"相关规定

根据国家税制改革规划，交通运输业和部分现代服务业营业税改征增值税（"营改增"）试点于2012年1月1日首先在上海启动实施，随后分批于2012年9月1日在北京市，2012年10月1日在江苏、安徽两省，2012年11月1日在福建、广东两省，2012年12月1日天津市及浙江、湖北两省实施试点，于2013年8月1日在全国范围全面实施，2014年1月1日将铁路交通和邮政行业纳入"营改增"范围，2014年6月1日见电信行业纳入"营改增"范围，未来会将生活服务业、建筑业和不动产、金融保险业等行业纳入"营改增"范围，届时营业税将全面取消。

（一）"营改增"纳税义务人

在中华人民共和国境内提供交通运输业、邮政业和部分现代服务业服务的单位和个人，为增值税纳税人，不再缴纳营业税。

"营改增"纳税人分为一般纳税人和小规模纳税人。

应税服务的年销售额超过500万元标准的纳税人为一般纳税人，未超过规定标准的纳税人为小规模纳税人。

应税服务年销售额超过规定标准的其他个人不属于一般纳税人。应税服务年销售额超过规定标准但不经常提供应税服务的单位和个体工商户可选择按照小规模纳税人纳税。

未超过规定标准的纳税人会计核算健全，能够提供准确税务资料的，可以向主管税务机关申请一般纳税人资格认定，成为一般纳税人。

除国家税务总局另有规定外，一经认定为一般纳税人后，不得转为小规模纳税人。

(二)"营改增"征税范围

1. "营改增"征税范围的一般规定

根据税法规定,应税服务是指在我国境内提供陆路运输服务、水路运输服务、航空运输服务、管道运输服务、邮政普遍服务、邮政特殊服务、其他邮政服务、研发和技术服务、信息技术服务、文化创意服务、物流辅助服务、有形动产租赁服务、鉴证咨询服务、广播影视服务。

提供应税服务,是指有偿提供应税服务,但不包括非营业活动中提供的应税服务。非营业活动包括的范围如下:

(1) 非企业性单位按照法律和行政法规的规定,为履行国家行政管理和公共服务职能收取政府性基金或者行政事业性收费的活动。

(2) 单位或者个体工商户聘用的员工为本单位或者雇主提供应税服务。

(3) 单位或者个体工商户为员工提供应税服务。

(4) 财政部和国家税务总局规定的其他情形。

在境内提供应税服务,是指应税服务提供方或者接受方在境内。下列情形不属于在境内提供应税服务:

(1) 境外单位或者个人向境内单位或者个人提供完全在境外消费的应税服务。

(2) 境外单位或者个人向境内单位或者个人出租完全在境外使用的有形动产。

(3) 财政部和国家税务总局规定的其他情形。

2. "营改增"征税范围的特殊规定

单位和个体工商户的下列情形,视同提供应税服务:

(1) 向其他单位或者个人无偿提供交通运输业、邮政业和部分现代服务业服务,但以公益活动为目的或者以社会公众为对象的除外。

(2) 财政部和国家税务总局规定的其他情形。

(三)"营改增"税率和征收率

1. "营改增"增值税税率

(1) 提供有形动产租赁服务,税率为17%。

(2) 提供交通运输业服务、邮政业服务,税率为11%。

(3) 提供现代服务业服务(有形动产租赁服务除外),税率为6%。

(4) 财政部和国家税务总局规定的应税服务,税率为零。

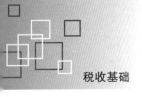

2. "营改增" 增值税征收率

"营改增" 增值税征收率为 3%。

（四）应纳税额的计算

"营改增" 增值税的计税方法，包括一般计税方法和简易计税方法。

一般纳税人提供应税服务适用一般计税方法计税。一般纳税人提供财政部和国家税务总局规定的特定应税服务，可以选择适用简易计税方法计税，但一经选择，36 个月内不得变更。

小规模纳税人提供应税服务适用简易计税方法计税。

境外单位或者个人在境内提供应税服务，在境内未设有经营机构的，扣缴义务人按照下列公式计算应扣缴税额。

$$应扣缴税额 = 接受方支付的价款 \div (1 + 税率) \times 税率$$

1. 一般计税方法

一般计税方法的应纳税额，是指当期销项税额抵扣当期进项税额后的余额。应纳税额计算公式如下：

$$应纳税额 = 当期销项税额 - 当期进项税额$$

当期销项税额小于当期进项税额不足抵扣时，其不足部分可以结转下期继续抵扣。

（1）销项税额，是指纳税人提供应税服务按照销售额和增值税税率计算的增值税额。销项税额计算公式如下：

$$销项税额 = 销售额 \times 税率$$

（2）一般计税方法的销售额不包括销项税额，采用销售额和销项税额合并定价方法的，按照下列公式计算销售额。

$$销售额 = 含税销售额 \div (1 + 税率)$$

（3）进项税额，是指纳税人购进货物或者接受加工修理修配劳务和应税服务，支付或者负担的增值税额。

下列进项税额准予从销项税额中抵扣：

1）从销售方或者提供方取得的增值税专用发票（含货物运输业增值税专用发票、税控机动车销售统一发票，下同）上注明的增值税额。

2）从海关取得的海关进口增值税专用缴款书上注明的增值税额。

3）购进农产品，除取得增值税专用发票或者海关进口增值税专用缴款书外，按照农产品收购发票或者销售发票上注明的农产品买价和 13% 的扣除率计算的进项税额。计算公式如下：

$$进项税额 = 买价 \times 扣除率$$

4)接受境外单位或者个人提供的应税服务,从税务机关或者境内代理人取得的解缴税款的中华人民共和国税收缴款凭证上注明的增值税额。

5)纳税人取得的增值税扣税凭证不符合法律、行政法规或者国家税务总局有关规定的,其进项税额不得从销项税额中抵扣。

下列项目的进项税额不得从销项税额中抵扣:

1)用于简易计税方法计税项目、非增值税应税项目、免征增值税项目、集体福利或者个人消费的购进货物、接受加工修理修配劳务或者应税服务。其中涉及的固定资产、专利技术、非专利技术、商誉、商标、著作权、有形动产租赁,仅指专用于上述项目的固定资产、专利技术、非专利技术、商誉、商标、著作权、有形动产租赁。

2)非正常损失的购进货物及相关的加工修理修配劳务或者交通运输业服务。

3)非正常损失的在产品、产成品所耗用的购进货物(不包括固定资产)、加工修理修配劳务或者交通运输业服务。

4)接受的旅客运输服务。

适用一般计税方法的纳税人,兼营简易计税方法计税项目、非增值税应税劳务、免征增值税项目而无法划分不得抵扣的进项税额,按照下列公式计算不得抵扣的进项税额。

不得抵扣的进项税额=当期无法划分的全部进项税额×(当期简易计税方法计税项目销售额+非增值税应税劳务营业额+免征增值税项目销售额)÷(当期全部销售额+当期全部营业额)

已抵扣进项税额的购进货物、接受加工修理修配劳务或者应税服务,发生进项税额不得从销项税额中抵扣情形的,应当将该进项税额从当期进项税额中扣减;无法确定该进项税额的,应按照当期实际成本计算应扣减的进项税额。

纳税人提供的适用一般计税方法计税的应税服务,因服务中止或者折让而退还给购买方的增值税额,应当从当期的销项税额中扣减;发生服务中止、购进货物退出、折让而收回的增值税额,应当从当期的进项税额中扣减。

2. 简易计税方法

简易计税方法的应纳税额,是指按照销售额和增值税征收率计算的增值税额,不得抵扣进项税额。应纳税额计算公式如下:

$$应纳税额=销售额×征收率$$

(1)简易计税方法的销售额不包括其应纳税额,纳税人采用销售额和

应纳税额合并定价方法的，按照下列公式计算销售额。

$$销售额 = 含税销售额 \div (1 + 征收率)$$

（2）纳税人提供的适用简易计税方法计税的应税服务，因服务中止或者折让而退还给接受方的销售额，应当从当期销售额中扣减。扣减当期销售额后仍有余额造成多缴的税款，可以从以后的应纳税额中扣减。

3. 销售额的确定

销售额，是指纳税人提供应税服务取得的全部价款和价外费用。价外费用，是指价外收取的各种性质的价外收费，但不包括同时符合下列条件代为收取的政府性基金或者行政事业性收费。

（1）由国务院或者财政部批准设立的政府性基金，由国务院或者省级人民政府及其财政、价格主管部门批准设立的行政事业性收费。

（2）收取时开具省级以上财政部门印制的财政票据。

（3）所收款项全额上缴财政。

销售额具体确定规定如下：

（1）销售额以人民币计算。按照人民币以外的货币结算销售额的，应当折合成人民币计算，折合率可以选择销售额发生的当日或者当月1日的人民币汇率中间价。纳税人应当在事先确定采用何种折合率，确定后12个月内不得变更。

（2）纳税人提供适用不同税率或者征收率的应税服务，应当分别核算适用不同税率或者征收率的销售额；未分别核算的，从高适用税率。

（3）纳税人兼营营业税应税项目的，应当分别核算应税服务的销售额和营业税应税项目的营业额；未分别核算的，由主管税务机关核定应税服务的销售额。

（4）纳税人兼营免税、减税项目的，应当分别核算免税、减税项目的销售额；未分别核算的，不得免税、减税。

（5）纳税人提供应税服务，开具增值税专用发票后，发生应税服务中止、折让、开票有误等情形的，应当按照国家税务总局的规定开具红字增值税专用发票；未按照规定开具红字增值税专用发票的，不得按照本办法第二十八条和第三十二条的规定扣减销项税额或者销售额。

（6）纳税人提供应税服务的价格明显偏低或者偏高且不具有合理商业目的的，或者发生本办法第十一条所列视同提供应税服务而无销售额的，主管税务机关有权按照下列顺序确定销售额。

1）按照纳税人最近时期提供同类应税服务的平均价格确定。

2）按照其他纳税人最近时期提供同类应税服务的平均价格确定。

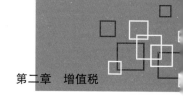

3）按照组成计税价格确定。组成计税价格的公式如下：

$$组成计税价格 = 成本 \times (1 + 成本利润率)$$

成本利润率由国家税务总局确定。

项目2.2　一般纳税人应纳税额的计算

☆知识目标

➢ 掌握增值税销项税额的计算方法

➢ 掌握准予从销项税额中抵扣和不得从销项税额中抵扣的进项税额的规定和计算方法

◆能力目标

➢ 能够熟练进行增值税销项税额和进项税额的计算

➢ 能够熟练进行增值税应纳税额的计算

增值税是一种价外税，即与销售货物相关的增值税额独立于价格之外单独核算，不作为价格的组成部分。

一般纳税人计算本月应纳增值税额采用当期购进扣税法，计算公式如下：

$$应纳税额 = 当期销项税额 - 当期进项税额$$

应纳增值税的多少主要取决于当期销项税额和当期进项税额两个因素。

一、销项税额的计算

（一）一般销售行为销项税额的计算

销项税额是纳税人销售货物或应税劳务，按照销售额和规定的税率计算并向购买方收取的增值税税额。

销项税额计算公式如下：

$$销项税额 = 销售额 \times 税率$$

销售额的定义及确定。销售额是纳税人销售货物或提供应税劳务向购买方收取的全部价款和价外费用，以及应税消费品的消费税税金（价内税）。

价外费用包括价外向购买方收取的手续费、补贴、基金、集资费、返还利润、奖励费、违约金、滞纳金、延期付款利息、赔偿金、代收款项、代垫款项、包装费、包装物租金、储备费、优质费、运输装卸费，以及其他各种性质的价外收费。

价外费用不包括以下三种：

（1）向购买方收取的销项税额。

（2）受托加工应征消费税的消费品所代收代缴的消费税。

（3）同时符合以下条件的代垫运费：①承运部门的运费发票开具给购货方的；②纳税人将该项发票转交给购货方的。

注意：

（1）根据国家税务总局规定，纳税人向购买方收取的价外费用和包装物押金，应视为含税收入，在并入销售额征税时，需将其换算成不含税收入再并入销售额征税。计算公式为：

$$不含税销售额 = 含税销售额 \div （1 + 税率）$$

根据现行增值税的有关规定，一般来说，包装物押金收入需要单独记账核算的，时间在一年以内又未逾期的，不并入销售额征税，但对逾期未收回包装物不再退还的押金，应按规定计算征收增值税。"逾期"是指超过合同约定的期限或超过一年的期限，对收取一年以上的押金，无论是否退还均应并入销售额征税。对于酒类包装物押金，在逾期的前提下，啤酒、黄酒包装物押金则应计征增值税；而对啤酒、黄酒之外的其他酒类产品包装物押金收入，则在收取当期应计征增值税。

（2）销售额以人民币计算。纳税人以人民币以外的货币结算销售额的，应当折合成人民币计算，折合率可选择销售额发生的当日或当月1日的人民币汇率中间价，选定后1年内不得变更。

【案例2-2-1】导入案例中，金星公司2015年6月发生以下两件事：

（1）1日，向湖北商贸公司销售4 000箱金星女士啤酒，对方为增值税一般纳税人，开出增值税专用发票，不含税价款96 000元，同时收取包装物押金11 700元。

（2）2日，向欣欣烟酒店销售金星男士啤酒2 000箱，对方为增值税小规模纳税人，开出普通发票，发票金额为46 800元。

以上两项业务，销售额分别是多少？销项税额分别是多少？

【分析】销项税额＝销售额×税率，销售啤酒的税率为17%。

业务（1）中，包装物押金为收取的价外费用，理应并入销售额征税，但此处销售货物为啤酒，按规定在一年期内暂不并入销售额征税，该笔业务销项税额为 96 000×17% = 16 320（元）；若此处为啤酒、黄酒外的其他酒如白酒，则需在收取当期应计征增值税，其不含税销售额为 11 700÷（1 + 17%）= 10 000（元），则该笔业务销项税额为（96 000 + 10 000）×17% = 18 020（元）。

业务（2）中，普通发票的销售金额为含税销售额，因此，需先换算为不含税销售额 = 46 800÷（1 + 17%）= 40 000（元），销项税额为 40 000×17% = 6 800（元）。

（二）特殊销售行为销项税额的计算

1. 视同销售行为

视同销售货物行为是《中华人民共和国增值税暂行条例》规定的特殊销售行为。由于视同销售行为一般不以现金的形式反映出来，因此，会出现没有销售额的情况。根据增值税实施细则，视同销售行为无确定销售额的，按下列顺序确定销售额。

（1）按纳税人最近时期同类货物的平均销售价格确定。
（2）按其他纳税人最近时期同类货物的平均销售价格确定。
（3）按组成计税价格确定。

组成计税价格的公式为：

$$组成计税价格 = 成本×（1 + 成本加成率）$$

属于应征消费税的货物，其组成计税价格中应加计消费税额。公式为：

$$组成计税价格 = 成本×（1 + 成本加成率） + 消费税税额$$

或为：

$$组成计税价格 = 成本×（1 + 成本加成率）÷（1 - 消费税税率）$$

成本加成率为 10%，但属于应从价定率征收消费税的货物，其组成计税价格公式中的成本利润率为《消费税若干具体问题的规定》中规定的成本利润率。

应注意，纳税人销售货物或提供应税劳务的价格明显偏低而且无正当理由的，主管税务机关也有权按上述顺序核定其计税销售额。

【案例 2-2-2】 导入案例中，金星公司 2015 年 6 月发生以下事件。2 日，因端午节向职工发福利，共计发放金星纯生啤酒 1 000 箱，金星纯生啤酒为该厂新近试产的产品，尚无对外销售价格。该啤酒每箱成本为 30 元，利润率为 8%，假设已知该酒应纳消费税为 2 元/箱，则该项业务销项税额是多少？

【分析】 企业将自产产品作为福利发放给职工属于视同销售行为，需缴纳增值税。金星纯生啤酒为该厂新近试产的产品，尚无对外销售价格，则先计算其计税价格 = [30×（1+8%）+2]×1 000 = 34 400（元），销项税额 = 34 400×17% = 5 848（元）。

2. 采取折扣销售方式

折扣销售是指销售方在销售货物或应税劳务时，因购买方需求量大等原因，而给予价格方面的优惠。

如果销售额和折扣额在同一张发票上分别注明的，可按折扣后的余额作为销售额计算增值税；如果将折扣额另外开发票，不论在财务方面如何处理，均不得从销售额中减除折扣额。

3. 采取以旧换新销售方式

以旧换新是指纳税人在销售过程中，折价收回同类旧货物，并以折价款部分冲减货物价款的一种销售方式。

根据税法规定，采取以旧换新方式销售货物的，应按新货物的同期销售价格确定销售额，不得扣减旧货物的收购价格（金银首饰除外）。

4. 采取以物易物销售方式

以物易物是指购销双方不是以货币结算，而是以同等价款的货物相互结算，实现货物销售的一种方式。

根据税法规定，以物易物双方都应作购销处理，以各自发出的货物核算销售额并计算销项税额，以各自收到的货物按规定核算购货额并计算进项税额。应注意，在以物易物活动中，双方分别开具合法的票据。如收到的货物不能取得相应的增值税专用发票，则不能抵扣进项税额。

5. 采取还本销售方式

还本销售方式是指销售方将货物出售之后，按约定时间一次或分次退还部分或全部购货款给予购货方的销售方式。

税法规定，采取还本销售方式销售货物的，其销售额就是货物的销售价格，不得从销售额中减除还本支出。

6. 包装物押金计税问题

纳税人为销售货物而出租出借包装物收取的押金，单独记账核算的，时间在一年内且未过期的，不并入销售额征税；对逾期未收回包装物不再退回的押金，应按所包装物品的适用税率计算销项税额。

应注意，在将包装物押金并入销售额征税时，需要先将该押金换算为不含税价，再并入销售额征税。

从1995年6月1日起，对销售啤酒、黄酒外的其他酒类产品而收取的包装物押金，按上述一般押金的规定处理。

【案例2-2-3】 导入案例中，金星公司2015年6月发生以下事件。1日，向湖北商贸公司销售4 000箱金星女士啤酒，对方为增值税一般纳税人，开出增值税专用发票，不含税价款96 000元，同时收取包装物押金11 700元，如果此包装物逾期未收回，其应纳销项税额是多少？

【分析】 该业务为销售啤酒收取包装物押金，按规定在收取押金的一年内不并入销售额征税，若超过一年期未收回包装物而不再退押金的，则需按包装物适用税率17%计算销项税额：11 700÷（1+17%）×17%=1 700（元）。

7. 旧货、旧固定资产的销售

纳税人销售旧货的，一律按4%的征收率计算税额后再减征收增值税，不得抵扣进项税额。所称旧货，是指进入二次流通的具有部分使用价值的货物（含旧汽车、旧摩托车和旧游艇），但不包括自己使用过的物品。

一般纳税人销售自己使用过的固定资产，具体处理方法见表2-2-1。

表2-2-1 销售使用过的固定资产处理比较

销售的固定资产情况	特点	税务处理方法	计算公式
2008年12月31日前购进或自制的固定资产，2009年1月1日以后购入但属于条例规定不得抵扣且未抵扣进项税额的固定资产	该固定资产的进项税额在购进时未抵扣	按简易办法：依4%征收率减半征收增值税	增值税=售价÷（1+4%）×4%÷2
2009年1月1日以后购进或自制的固定资产	该固定资产的进项税额在购进当期抵扣	按正常销售货物适用税率征收增值税	增值税=售价÷（1+17%）×17%

【案例2-2-4】 导入案例中，金星公司2015年6月发生以下事件。6日，销售一台使用过的生产设备，取得转让收入共计18 720元（含税），该设备是公司于2010年3月购入的，购入时取得增值税各专用发票，并在购入当期抵扣了进项税额。请问该项销售业务应缴纳增值税多少元？

【分析】 该业务销售的是企业已使用过的固定资产，该固定资产的进项税额已在购进当期抵扣，因此销售时也按正常销售计算销项税额。

应缴纳的销项税额为：18 720÷（1+17%）×17%=2 720（元）。

二、进项税额的计算

进项税额是指纳税人购进货物,或者接受应税劳务支付,或者负担的增值税额。

进项税额和销项税额是相对应的两个概念。在购销业务中,对于销货方而言,在收回货款的同时收回销项税额;对于购货方而言,在支付货款的同时支付进项税额。也就是说,销货方收取的销项税额就是购货方支付的进项税额。

(一) 准予从销项税额中抵扣的进项税额范围

准予从销项税额中抵扣的进项税额,仅限于下列增值税扣税凭证上注明的增值税税额和按规定的扣除率计算的进项税额。

(1) 销售方取得的增值税专用发票上注明的增值税税额。

【案例2-2-5】 导入案例中,金星公司2015年6月发生以下事件。12日,从雄峰公司购入包装物纸箱一批,取得增值税专用发票注明的不含税价款为50 000元,增值税8 500元。21日,购入生产设备一台,不含税金额40 000元,增值税税额6 800元。25日,委托山西金威公司加工一批麦芽,加工费已付,取得增值税发票中注明加工费10 000元,增值税税额1 700元。27日,公司增资成功,一家股东以原材料入股,该批原材料投资合同约定价值为50 000元,增值税税额为8 500元,该股东已经开具了增值税专用发票。

【分析】 以上业务均从销售方(或劳务提供方)取得了增值税专用发票,将发票上注明的增值税税额作为进行进项税额抵扣,共计:8 500 + 6 800 + 1 700 + 8 500 = 25 500(元)。

(2) 从海关取得的海关进口增值税专用缴款书上注明的增值税税额。即纳税人进口货物,凡已缴纳了进口环节增值税的,不论其是否已经支付货款,其取得的海关进口增值税专用缴款书均可作为增值税进项税额抵扣凭证。

(3) 购进农产品,除取得增值税专用发票或者海关进口增值税专用缴款书外,按照农产品收购发票或者销售发票上注明的农产品买价和13%的扣除率计算的进项税额。进项税额计算公式如下:

$$进项税额 = 买价 \times 扣除率$$

【案例2-2-6】 导入案例中,金星公司2015年6月发生以下事件。15

日，向农业生产者收购粮食一批，按收购发票支付收购价款35 000元。

【分析】该笔粮食采购行为虽未取得增值税专用发票，但其采购的是农产品，因而可按照向农业生产者购进的收购发票上注明的买价乘以13%的扣除率计算进项税额，即该批农产品的进项税额为：$35\,000 \times 13\% = 4\,550$（元）。

（4）购进或者销售货物及在生产经营过程中支付运输费用的，按照运输费用结算单据上注明的运输费用金额和7%的扣除率计算的进项税额。进项税额计算公式为：

$$进项税额 = 运输费用金额 \times 扣除率$$

【案例2-2-7】在前文导入案例中，金星公司2015年6月发生如下事件。12日，从雄峰公司购入包装物纸箱一批时，取得运输发票注明的运杂费15 000元，其中运费11 000元，建设基金1 000元，保险费1 000元，装卸费1 000元；以上款项均已支付。请问该笔运费是否可以抵扣增值税进项税额？如何抵扣？

【分析】采购时发生的运费，应按运输业专用发票上的运费（包括运输建设基金）金额乘以7%的扣除率计算进项税额，即该笔运费的进项税额为：$(11\,000 + 1\,000) \times 7\% = 840$（元），发生的保险费和装卸费各1 000元不得计入计算扣除进项税额。

（5）购进（包括接受捐赠、实物投资）或者自制（包括改扩建、安装）固定资产发生的进项税额，凭增值税专用发票、海关进口增值税专用缴款书和运输费用结算单据抵扣进项税额。

【案例2-2-8】在前文导入案例中，金星公司2015年6月发生如下事件。21日，购入生产设备一台，不含税金额40 000元，增值税税额6 800元。

【分析】采购生产设备等固定资产时，其进项税额6 800元可抵扣。

（二）不准予从销项税额中抵扣的进项税额范围

纳税人购进货物或者应税劳务，取得的增值税扣税凭证不符合法律、行政法规或者国务院税务主管部门有关规定的，其进项税额不得从销项税额中抵扣。

（1）用于非增值税应税项目、免征增值税项目、集体福利或者个人消费的购进货物或者应税劳务。

非增值税应税项目，指提供非增值税应税劳务、转让无形资产、销售不动产和不动产在建工程。

不动产，指不能移动或者移动后会引起性质、形状改变的财产，包括建筑物、构筑物和其他土地附着物。纳税人新建、改建、扩建、修缮、装饰不动产，均属于不动产在建工程。

个人消费包括纳税人的交际应酬消费。

（2）非正常损失的购进货物及相关的应税劳务。非正常损失，指因管理不善造成被盗、丢失、霉烂变质的损失。

【案例 2-2-9】导入案例中，金星公司 2015 年 6 月发生如下事件。30 日，经公司盘点发现，上月购入的纸箱因管理不善而损毁一批，该批包装物的价款 5 000 元，相关增值税税额为 850 元，该批包装物进项税额该如何处理？

【分析】该包装物因管理不善造成损毁，为非正常损失，其进项税额不得抵扣，已计入进项税额的 850 元需从进项税额中转出。

（3）非正常损失的，在产品、产成品所耗用的购进货物或者应税劳务。

（4）国务院财政、税务主管部门规定的纳税人自用消费品，如摩托车、汽车、汽艇。

【案例 2-2-10】导入案例中，金星公司 2015 年 6 月发生以下事件。18 日，购入小汽车一辆为办公室调配用车，不含税价 100 000 元，增值税税额 11 700 元，则该辆小汽车进项税额如何处理？

【分析】2009 年 1 月 1 日，新施行的《中华人民共和国增值税暂行条例》规定，消费型增值税课税依据只限于消费资料，允许购进使用于增值税项目的固定资产进项税额予以抵扣，但购入小汽车属于自用消费品范围，其进项税额不得抵扣。

（5）上述第（1）项至第（4）项规定的货物运输费用和销售免税货物的运输费用。

（6）一般纳税人兼营免税项目或者非增值税应税劳务而无法划分不得抵扣的进项税额的，应按下列公式计算不得抵扣的进项税额。

不得抵扣的进项税额＝当月无法划分的全部进项税额×当月免税项目销售额、非增值税应税劳务营业额合计÷当月全部销售额、营业额合计

三、应纳税额的计算

在计算出增值税销项税额和进项税额后就可以得出实际应纳税额，基本计算公式为：

$$应纳税额＝当期销项税额－当期进项税额$$

【案例 2-2-11】导入案例中，金星公司 2015 年 6 月发生的增值税销

项税额和进项税额均已计算出来，该公司 6 月初增值税留抵金额为 834 元，当期取得的增值税专用发票均已通过认证，计算该公司本月应缴纳的增值税金额是多少。

【分析】根据增值税计算公式，增值税应纳税额 = 当期销项税额 − 当期进项税额，其中，当期进项税额 = 当期认证进项税额 + 期初进项留抵税额 − 进项税额转出，因此该公司 2014 年 6 月应缴纳增值税计算如下：

当期销项税额为：16 320 + 6 800 + 5 848 + 2 720 + 42 500 = 74 188（元）；

当期进项税额为：8 500 + 840 + 4 550 + 6 800 + 1 700 + 8 500 = 30 890（元）；

进项税额转出为：850（元）；

期初留抵税额为：834（元）；

本期应缴纳增值税额为：74 188 − （30 890 + 834 − 850）= 43 314（元）。

四、增值税的会计处理

增值税业务根据以下不同情形，分别做如下会计处理：

（1）当月缴纳本月实现的增值税时，如开具专用缴款书预缴税款，借记"应交税费——应交增值税（已交税金）"，贷记"银行存款"。

（2）当月上交上月或以前月份实现的增值税时，如常见的申报期申报纳税、补缴以前月份欠税，借记"应交税费——未交增值税"，贷记"银行存款"。

（3）月份终了，结转本月应交未交增值税时，借记"应交税费——应交增值税（转出未交增值税）"，贷记"应交税费——未交增值税"。

（4）月份终了，结转本月多交增值税时，借记"应交税费——未交增值税"，贷记"应交税费——应交增值税（转出多交增值税）"。

▶ 知识链接

增值税的减免税及出口退税

一、增值税的免税项目

（1）农业生产者销售的自产农产品。

（2）避孕药品和用具。

（3）古旧图书（是指向社会收购的古书和旧书）。

（4）直接用于科学研究、科学试验和教学的进口仪器、设备。

（5）外国政府、国际组织无偿援助的进口物资和设备。

(6) 由残疾人组织直接进口供残疾人专用的物品。

(7) 销售自己使用过的物品（是指由其他个人自己使用过的物品）。

二、出口退增值税的计算处理

由于中国税法规定出口货物增值税税率为零，因而在货物出口时，不仅不征税，还要将该货物过去缴纳的增值税退还给出口货物的纳税人。但只有符合一定条件的企业才有办理出口退税的资格。

1. 出口货物退（免）税适用范围

（1）可以退（免）税的出口货物一般应具备以下四个条件：①必须是属于增值税、消费税征税范围的货物；②必须是报关离境的货物；③必须是会计上作销售处理的货物；④必须是出口收汇并已核销的货物。

（2）下列企业出口满足上述四个条件的货物，除另有规定外，给予免税并退税：①生产企业自营出口或委托外贸企业代理出口的自产货物；②有出口经营权的外贸企业收购后直接出口或委托其他外贸企业代理出口的货物；③特定出口的货物。

（3）下列企业出口的货物，除另有规定外，给予免税，但不予退税：①属于生产企业的小规模纳税人自营出口或委托外贸企业代理出口的自产货物；②外贸企业出口从小规模纳税人处购买并持普通发票的货物；③外贸企业出口国家规定的免税货物（包括免税农产品）。

（4）下列出口货物，免税但不予退税：①来料加工复出口的货物，即原材料进口免税，加工自制的货物出口不退税；②避孕药品和用具，古旧图书，内销免税，出口也免税；③有出口卷烟权的企业出口国家出口卷烟计划内的卷烟，在生产环节免征增值税、消费税，出口环节不办理退税，其他非计划内出口的卷烟照章征收增值税和消费税；④军品及军队系统企业出口军需工厂生产或军需部门调拨的货物；⑤国家规定的其他免税货物。

2. 出口货物退税的计算

出口货物应退增值税税额，依进项税额计算，具体计算方法如下：

（1）出口企业将出口货物单独设立库存和销售账记载的，应依据购进出口货物增值税专用发票所列明的进项金额和税额计算，这种方法简称"先征后退"。其计算公式如下：

$$应退税额 = 出口货物数量 \times 加权平均进价 \times 税率$$

（2）出口企业兼营内销货物和出口货物不能单独设账核算的，应先对内销货物计算销项税额，并扣除当期进项税额后，再计算出口货物的应退税额。这种方法简称"免、抵、退"，其计算公式如下：

$$销项金额 \times 税率 \geqslant 未抵扣完的进项税额$$

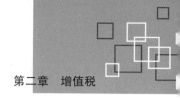

$$应退税款 = 未抵扣完的进项税额$$

$$销项金额 \times 税率 < 未抵扣完的进项税额$$

$$应退税款 = 销项税额 \times 税率$$

$$结转下期抵的进项税额 = 当期未抵扣完的进项税额 - 应退税额$$

公式中的销项税额,是指依出口货物离岸价和外汇牌价计算的人民币金额;税率是指计算该项货物退税的税率。现行出口货物的增值税退税率分别是17%、16%、15%、14%、13%、9%和5%等。

(3) 凡从小规模纳税人购进特准退税的进口货物的进项税额,按下列公式计算确定:

$$应退税额 = 普通发票所列含税销售额 \div (1 + 征收率) \times 退税率$$

(4) 其他出口货物的进项税额,依增值税专用发票所列的增值税额计算确定。

项目2.3 增值税的征收管理

☆知识目标

➢ 掌握增值税纳税义务发生时间规定
➢ 掌握增值税纳税地点规定

◆能力目标

➢ 能熟练掌握增值税纳税申报

一、增值税的纳税义务发生时间

1. 销售货物或者提供应税劳务的增值税纳税义务发生时间

销售货物或者提供应税劳务,为收讫销售款项或者取得索取销售款项凭据的当日;先开具发票的,为开具发票的当日。具体纳税义务发生时间,按销售结算方式的不同而不同。

(1) 采取直接收款方式销售货物,不论货物是否发出,均为收到销售

额或取得索取销售额的凭据,并将提货单交给买方的当日。

(2) 采取托收承付和委托银行收款方式销售货物,为发出货物并办妥托收手续的当日。

(3) 采取赊销和分期收款方式销售货物,为书面合同约定的收款日期的当日;无书面合同的或者书面合同没有约定收款日期的,为货物发出的当日。

(4) 采取预收货款方式销售货物,为货物发出的当日。

(5) 委托其他纳税人代销货物,为收到代销单位销销售的代销清单或者收到全部或部分货款的当日。

(6) 销售应税劳务,为提供劳务同时收讫销售额或取得索取销售额的凭据的当日。

(7) 纳税人发生视同销售货物行为,为货物移送的当日。

2. 进口货物的增值税纳税义务发生时间

进口货物,为报关进口的当日。

3. 增值税扣缴义务发生时间

增值税扣缴义务发生时间为纳税人增值税纳税义务发生的当日。

二、增值税的纳税期限

增值税的纳税期限分别为1日、3日、5日、10日、15日、1个月或1个季度。纳税人的具体纳税期限,由主管税务机关根据纳税人应纳税额的大小分别核定;不能按照固定期限纳税的,可以按次纳税。

纳税人以1个月或者1个季度为1个纳税期的,自期满之日起15日内申报纳税;以1日、3日、5日、10日或者15日为1个纳税期的,自期满之日起5日内预缴税款,于次月1日起15日内申报纳税并结清上月应纳税款。

纳税人进口货物,应当自海关填发税款缴纳书之日起15日内缴纳税款。纳税人出口税率为零的货物,可以按月向税务机关申报办理该项出口货物的退税。

三、增值税的纳税地点

增值税纳税地点具体规定如下:

(1) 固定业户应当向其机构所在地的主管税务机关申报纳税。总机构和分支机构不在同一县（市）的，应当分别向各自所在地的主管税务机关申报纳税；经国务院财政、税务主管部门或者其授权的财政、税务机关批准，可以由总机构汇总向总机构所在地的主管税务机关申报纳税。

（2）固定业户到外县（市）销售货物或者应税劳务，应当向其机构所在地的主管税务机关申请开具外出经营活动税收管理证明，并向其机构所在地的主管税务机关申报纳税；未开具证明的，应当向销售地或者劳务发生地的主管税务机关申报纳税；未向销售地或者劳务发生地的主管税务机关申报纳税的，由其机构所在地的主管税务机关补征税款。

（3）非固定业户销售货物或者应税劳务，应当向销售地或者劳务发生地的主管税务机关申报纳税；未向销售地或者劳务发生地的主管税务机关申报纳税的，由其机构所在地或者居住地的主管税务机关补征税款。

（4）进口货物，应当向报关地海关申报纳税。

（5）扣缴义务人应当向其机构所在地或者居住地的主管税务机关申报缴纳其扣缴的税款。

练 习 题

一、单项选择题

1. 增值税的纳税义务人是指在中华人民共和国境内（　　）。

A. 从事部分工业品生产和进出口的单位和个人

B. 销售货物或者提供加工、修理修配劳务以及进出口货物的单位和个人

C. 销售货物或者提供一切劳务以及进口货物的单位和个人

D. 转让无形资产和销售不动产的单位和个人

2. 增值税所称在中华人民共和国境内（以下简称"境内"）销售货物，是指（　　）。

A. 销售企业管理机构在境内

B. 销售企业注册地在境内

C. 在境内签订销售合同

D. 所销售的货物的起运地或所在地在境内

3. 按新增值税法规定，增值税的征税对象是（　　）。

A. 销售收入　　B. 增值额　　C. 销项税额　　D. 进项税额

4. 下列适用17%税率的货物有（　　）。

A. 粮食、食用植物油　　　　B. 音像制品及电子出版物

C. 图书、报纸、杂志　　　　　D. 金属矿采选产品

5. 增值税一般纳税人下列购进货物负担的进项税应作进项税转出的是（　　）。

A. 购进的货物直接用于非应税项目

B. 上月购进的货物用于非应税项目

C. 购进的货物用于对外投资

D. 购进的货物用于生产过程

6. 纳税人销售价格明显偏低并无正当理由，税务机关可以核定其销售额，核定的方法不包括（　　）。

A. 按纳税人当月同类货物的平均销售价格确定

B. 按纳税人最近时期同类货物的平均销售价格确定

C. 按其他纳税人最近时期同类货物的平均销售价格确定

D. 按评估机构的评估价格确定

7. 非正常损失的在产品、产成品所耗用的购进货物或者应税劳务的进项税额不得从销项税额中抵扣。此处的非正常损失指（　　）。

A. 因管理不善造成被盗、丢失、霉烂变质的损失

B. 自然灾害损失

C. 生产过程的残次品损失

D. 以上A，B都对

8. 关于纳税义务时间规定，下列说法不正确的是（　　）。

A. 采取预收货款方式销售货物，为货物发出的当日

B. 采取预收货款方式销售生产工期超过12个月的大型机械设备，可以为书面合同约定的收款日期的当日

C. 视同销售货物行为，为货物移送的当日

D. 委托其他纳税人代销货物，为发出代销货物满180日的当日

9. 某服装厂将自产的服装作为福利发给本厂职工，该批产品制造成本是10万元，利润率为10%，但当月同类产品的平均售价为18万元，计征增值税的销售额为（　　）。

A. 10万元　　B. 10.90万元　　C. 11万元　　D. 18万元

10. 在境内提供应税服务，是指（　　）在境内。

A. 应税服务提供方　　　　　　B. 应税服务接受方

C. 应税服务提供方或者接受方　　D. 应税服务提供方和接受方

11. "营改增"试点纳税人提供有形动产租赁服务，税率为（　　）。

A. 17%　　　B. 11%　　　C. 6%　　　D. 13%

12. 一般纳税人提供应税服务适用（　　）计税。
A. 简易办法征收　　　　　　B. 一般计税方法
C. 简易计税方法　　　　　　D. 适用税率征收

13. 一般纳税人提供财政部和国家税务总局规定的特定应税服务，可以选择适用（　　）计税，但一经选择，（　　）内不得变更。
A. 一般计税方法　36个月　　B. 简易计税方法　3年
C. 一般计税方法　24个月　　D. 简易计税方法　36个月

二、多项选择题

1. 增值税应税销售额中的价外费用应包括（　　）。
A. 价外向购买方收取的手续费
B. 价外向购买方收取的违约金、滞纳金
C. 价外向购买方收取的延期付款利息、赔偿金
D. 价外向购买方收取的包装物押金

2. 增值税应税销售额不包括（　　）。
A. 向购买方收取的增值税
B. 受托加工应征消费税的消费品所代收代缴的消费税
C. 符合条件的代为收取的政府性基金或者行政事业性收费
D. 向购买方收取的代购买方缴纳的车辆购置税

3. 纳税人兼营不同税率的货物或者应税劳务，下列说法正确的是（　　）。
A. 应当分别核算不同税率货物或者应税劳务的销售额，分别按各自税率计征
B. 未分别核算销售额的，从高适用税率
C. 小规模纳税人一律按3%的征收率，按简易征收办法征收
D. 未分别核算销售额的，由主管税务机关核定相应销售额征收

4. 下列进项税额不得从销项税额中抵扣说法正确的是（　　）。
A. 用于非增值税应税项目、免征增值税项目、集体福利或者个人消费的购进货物的运输费用和销售免税货物的运输费用
B. 非正常损失的在产品、产成品所耗用的购进货物或者应税劳务
C. 纳税人购进自用的应征消费税的小汽车
D. 因地震导致损毁的购进货物

5. 增值税条例及实施细则所称非增值税应税项目包括（　　）。
A. 修理空调　　　　　　　　B. 转让无形资产
C. 销售不动产　　　　　　　D. 不动产在建工程

6. 增值税条例所称非正常损失,是指( )。
　　A. 自然灾害损失
　　B. 因管理不善造成货物被盗窃损失
　　C. 因管理不善造成货物发生霉烂变质损失
　　D. 因管理不善造成货物丢失损失
7. 在中华人民共和国境内提供( )服务的单位和个人,为增值税纳税人。
　　A. 交通运输业　　　　　　B. 部分现代服务业
　　C. 旅游业　　　　　　　　D. 餐饮业
8. "营改增"试点实施办法所称应税服务,包括以下:( )。
　　A. 陆路运输服务　　　　　B. 水路运输服务
　　C. 信息技术服务　　　　　D. 文化创意服务
9. 非营业活动中提供的交通运输业和部分现代服务业服务不属于提供应税服务,这里的非营业活动,是指( )。
　　A. 单位或者个体工商户为员工提供交通运输业和部分现代服务业服务
　　B. 单位或者个体工商户为客户提供交通运输业和部分现代服务业服务
　　C. 单位或者个体工商户聘用的员工为本单位或者雇主提供交通运输业和部分现代服务业服务
　　D. 单位或者个体工商户聘用的员工为客户提供交通运输业和部分现代服务业服务
10. 单位和个体工商户向其他单位或者个人无偿提供交通运输业和部分现代服务业服务,视同提供应税服务,但( )除外。
　　A. 为履行国家行政管理职能
　　B. 以公益活动为目的
　　C. 以社会公众为对象的
　　D. 为履行公共服务职能
11. "营改增"试点实施之后,增值税税率包括( )。
　　A. 17%　　　B. 11%　　　C. 3%　　　D. 6%　　　E. 13%

三、判断题

1. 增值税应纳税额=当期销项税额-当期进项税额。( )
2. 非企业性单位如果经常发生增值税应税行为,并且符合一般纳税人条件的,可以由税务机关认定为增值税一般纳税人。( )
3. 小规模纳税人购进货物取得的增值税专用发票可以抵扣进项税额,

取得普通发票不允许扣除进项税额。（　　）

4. 增值税一般纳税人销售货物既有开具普通发票的，又有开具专用发票的，根据规定，在计算销项税额时，普通发票按6%计算，专用发票按17%计算。（　　）

5. 在境内提供应税服务，是指应税服务提供方或者接受方在境内。（　　）

6. 价外费用不包括代为收取的政府性基金或者行政事业性收费。（　　）

7. 纳税人取得的增值税扣税凭证不符合法律、行政法规或者国家税务总局有关规定的，其进项税额不得从销项税额中抵扣。（　　）

8. 增值税专用发票、海关进口增值税专用缴款书、运输费用结算单据都有必须在发票开具之日起180日内认证、抵扣的时限规定。（　　）

9. 非正常损失，是指因管理不善造成被盗、丢失、霉烂变质的损失，以及被执法部门依法没收或者强令自行销毁的货物。（　　）

10. 小规模纳税人会计核算健全，能够提供准确税务资料的，可以向主管税务机关申请一般纳税人资格认定，成为一般纳税人。（　　）

四、计算题

1. 某企业为增值税一般纳税人，2007年4月发生下列经济业务：

（1）销售产品取得不含税收入524 800元，同时向购货方收取本单位负责运输的运费2 500元（未单独开具运费发票）。

（2）因产品质量发生销货退回，凭购货方主管税务机关开具的销货退回或索取折让证明单开具红字发票，退还价款5 800元，税款986元。

（3）购进原料一批，取得专用发票注明价款20万元，税额3.40万元，专用发票已通过认证。

请计算该企业本期应纳增值税。

2. 2007年3月，某酒厂销售白酒的不含税销售额为100万元，发出货物包装物收取押金11.70万元，定期60日收回，到期未收回包装物押金为2万元，则该酒厂当期增值税销项税额是多少？

3. 某工业企业生产A、B两种产品，其中B产品为新产品，尚未定价。本月购进原材料等，支付价款500 000元，支付增值税额85 000元，已认证。销售A产品价税合计为936 000元，B产品无销售，但分配给职工每人一件，共计500件，每件成本为100元，B产品的成本利润率为10%。该企业为一般纳税人，要求回答下列问题：① A产品本月销项税为多少？② B产品本月销项税为多少？③ 本月应纳增值税额为多少？

4. 泉林公司为一般纳税人，2015年12月发生业务如下：
（1）为某企业提供运输服务，取得收入20 000元。
（2）销售货物一批，税率17%，取得收入40 000元。
（3）销售不动产，取得收入120 000元。
（4）销售散装蔬菜一批，取得收入20 000元。
（5）当期进项税额共5 000元，其中该公司无法准确划分不得抵扣的进项税额为4 000元。
要求回答下列问题：①计算该公司12月销项税额；②计算不得抵扣的进项税额；③计算12月的应纳税额。

5. 2015年3月3日，南京K律师事务所安排两名律师参加某企业家沙龙，免费提供资产重组相关业务法律咨询服务4小时。3月5日，该律师事务所安排三名律师参加"学雷锋"日活动，在市民广场进行免费法律咨询服务3小时。（该律师事务所民事业务咨询服务价格为每人800元/小时）要求计算3月3日和3月5日应缴纳的增值税。

6. 某试点地区一般纳税人2015年3月取得交通运输收入111万元（含税），当月外购汽油10万元，购入运输车辆20万元（不含税金额，取得增值税专用发票），发生的联运支出40万元（不含税金额，试点地区纳税人提供，取得专用发票）。要求计算该纳税人2015年3月应纳税额。

第三章 消 费 税

> 导入案例

(1) 石化公司9月销售汽油1 000吨，柴油200吨，计算该公司当月应纳的消费税额。

(2) 美柔化妆品厂为增值税一般纳税人，2013年4月1日向某大型商场销售化妆品一批，开具增值税专用发票，取得不含增值税销售额100万元，增值税额17万元。4月25日向某单位销售化妆品一批，开具普通发票，取得含增值税销售额11.70万元。化妆品适用消费税税率30%。计算该化妆品生产企业4月应缴纳的消费税额。

(3) 某日用化工厂将生产的某一牌号的洗发水2 000支发给本企业职工作为福利，该牌号洗发水当月销售价格30元/支，洗发水的消费税税率17%。计算这部分洗发水消费税应纳税额。

(4) 某汽车制造厂将10辆自己生产的排气量在3 000毫升以上的小轿车赞助给城市运动会，因该种车正处于试生产阶段，尚未核定价格，该厂生产一辆小轿车的成本5万元，小轿车消费税税率为8%，小轿车全国平均成本利润率8%。计算该汽车厂应缴纳的消费税。

(5) 俊美摩托车厂为增值税一般纳税人，6月将生产摩托车10辆，以每辆出厂价20 000元（不含增值税）给自设非独立核算的门市部；门市部又以每辆35 100元（含增值税）售给消费者。摩托车适用的消费税税率为10%，摩托车厂6月计算该摩托车厂应缴纳消费税税额。

(6) A企业委托B企业加工一批应税消费品，实际成本为8 000元，支付B企业加工费为1 000元（不含税加工费），已知消费税税率为10%，受托方无同类消费品的销售价格。计算应税消费税税额。

(7) 某公司进口一批小轿车300辆，关税完税价格每辆15万元，关税税率25%，小轿车消费税税率为9%。计算小轿车消费税的应纳消费税税额。

(8) 某烟厂2013年9月生产并销售一批甲类卷烟，共20箱（每箱50 000支）该批卷烟每标准条（200支）的调拨价格为80元。计算该批卷烟应纳的消费税税额。

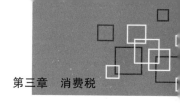

(9) 某酒厂2013年9月对外销售粮食白酒1 000吨,每吨不含增值税的销售价格为400元。计算该批粮食白酒应纳的消费税税额。

项目3.1 消费税基础知识

☆知识目标
➢ 消费税的基本构成要素
➢ 消费税的正确计算及其应纳税款和申报

◆能力目标
➢ 能够完成消费税的征收范围、纳税人税目、税率计算及申报缴纳

一、消费税概述

（一）消费税的概念

消费税（consumer tax）是以消费品（消费行为）的流转额作为课税对象的各种税收的统称,是政府向消费品征收的税项,可从批发商或零售商征收,是典型的间接税,属于1994年税制改革在流转税中新设置的一个税种。消费税实行价内税,只在应税消费品的生产、委托加工和进口环节缴纳,在以后的批发、零售等环节,因为价款中已包含消费税,因此不用再缴纳消费税,税款最终由消费者承担。消费税的纳税人是我国境内生产、委托加工、零售和进口《中华人民共和国消费税暂行条例》规定的应税消费品的单位和个人。

我国的消费税是在增值税普遍调节的基础上,由国家对某些特定产品进行特殊调节而设置税种,它与增值税密切配合,形成双调节的两种税种。开征消费税的目的是为了调节产品结构,引导消费方向,保证国家财政收入。

(二) 消费税的特征

消费税具有如下特征：

1. 征收范围具有选择性

开征消费税具有特殊的调节作用，在中国消费税的课征范围具有选择性。对奢侈和高能耗消费品，以及不可再生的稀缺资源消费品征税，有利于提倡环保，构建节约型社会，促进资源的节约。

2. 征税环节具有单一性

消费税是实行单一环节征税，只选择在生产、委托加工、进口环节征收消费税，金银首饰在零售环节征收。此举有利于加强税收源泉的控制，可及时组织税款入库。

3. 税率、税额具有差别性

消费税按产品类别设计税率，不同类别的应税消费品税率差异很大，而且税率的高低还可根据经济发展水平进行调节，具有灵活性，便于税收发挥其调节经济和筹集财力的能力。

4. 消费税税负具有明显的转嫁性

列入征税范围的消费品，一般都是高价高税产品。消费品中所含的消费税款最终都要转嫁到消费者身上，由消费者负担。

二、消费税的内容

(一) 消费税的征收范围

根据《中华人民共和国消费税暂行条例》规定，消费税的征收范围为：在中华人民共和国境内生产、委托加工和进口消费税暂行条例规定的消费品。

消费税征收的总原则是：立足于我国的经济发展水平、国家的消费政策和产业政策，充分考虑人民的生活水平、消费水平和消费结构状况，注重保证国家财政收入的稳定增长，并适当借鉴国外征收消费税的成功经验和国际通行做法。具体表现在以下六个方面：

(1) 流转税格局调整后税收负担下降较多的产品。

(2) 非生活必需品中的一些高档、奢侈的消费品。

(3) 从保护身体健康、生态环境等方面需要出发，不提倡也不宜过度消费的某些消费品。

（4）一些特殊的资源性消费品，如汽油、柴油等。

（5）具有一定财政意义的产品，如化妆品、汽车轮胎等。

（6）有利于增进环保意识，引导消费、节约消费的产品，如一次性筷子、实木地板等。

（二）消费税的纳税人

根据《中华人民共和国消费税暂行条例》的规定，消费税的纳税人为：在中国境内生产、委托加工和进口应税消费品的单位和个人。"单位"包括国有企业、股份制企业、外商投资企业和外国企业等。"个人"是指个体经营者及其他个人。"境内"是指生产、委托加工和进口应税消费品的起运地或所在地在境内。

具体来说，消费税纳税人包括：生产应税消费品的单位和个人，进口应税消费品的单位和个人，委托加工应税消费品的单位和个人。其中，委托加工的应税消费品由受托方于委托方提货时代扣代缴（受托方为个体经营者除外）；自产自用的应税消费品，由自产自用单位和个人在移送使用时缴纳消费税。

进口的应税消费品，尽管其产制地不在我国境内，但在我国境内销售或消费，为了平衡进口应税消费品与本国应税消费品的税负，必须由从事进口应税消费品的进口人或其代理人按照规定缴纳消费税。个人携带或者邮寄入境的应税消费品的消费税，连同关税一并计征，由携带入境者或者收件人缴纳消费税。

目前，我国的消费税收入主要来自从事饮料制造业（其中主要是酒类制造业）、烟草制造业、交通运输设备制造业（其中主要是小汽车、摩托车制造业）、石油加工业等行业的国有企业、股份制企业和外商投资企业。

（三）消费税税目

税目是征税对象的具体化。中国的消费税共有14个税目，具体内容如下：

1. 烟

以烟叶为原料加工生产的产品，不管中途添加任何辅料，都属于本税目的征收范围，包括甲类卷烟、乙类卷烟（卷烟）、雪茄烟和烟丝，此外，还包括批发环节。

2. 酒及酒精

酒精又名乙醇，是95度以上的无色透明液体，酒精度在1度以上的就

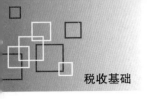

称为酒。酒类包括白酒、黄酒、啤酒和其他酒类。酒精包括各种工业酒精、医用酒精和食用酒精。

3. 化妆品

本税目征收范围包括各类美容、修饰类化妆品、高档类护肤类化妆品。例如，香水、香粉、口红、指甲油、胭脂、眉笔、唇笔、眼睫毛等。舞台、戏剧、影视演员化妆的上妆油、卸妆油等不属于本税目的征收范围。

4. 贵重首饰及珠宝玉石

采掘、打磨、加工的珠宝玉石以及金银珠宝。

5. 鞭炮、焰火

本税目包括鞭炮、焰火。但体育赛场或训练场使用的发令纸、鞭炮药引线不在本税目范围内。

6. 成品油

本税目包括汽油、柴油、石脑油、溶剂油、航空煤油、润滑油和燃料油。

（1）汽油。属于轻质石油产品的一大类，其征收范围是车用汽油、航空汽油、启动汽油，但工业汽油不属于本税目征收范围。

（2）柴油。属于轻质石油产品的一大类，其征收范围包括轻柴油、重柴油、农用柴油、军用柴油。

（3）石脑油。石脑油又叫轻汽油、化工轻油，是以石油加工生产的或二次加工汽油经加氢精制而得的，用于化工原料的轻质油。

石脑油的征收范围包括除汽油、柴油、煤油、溶剂油以外的各种轻质油。

（4）溶剂油。溶剂油是以石油加工生产的用于涂料和油漆生产、食用油加工、印刷油墨、皮革、农药、橡胶、化妆品生产的轻质油。

溶剂油的征收范围包括各种溶剂油。

（5）航空煤油。航空煤油也叫喷气燃料，是以石油加工生产的用于喷气发动机和喷气推进系统中作为能源的石油燃料。

航空煤油的征收范围包括各种航空煤油。

（6）润滑油。润滑油是用于内燃机、机械加工过程的润滑产品。润滑油分为矿物性润滑油、植物性润滑油、动物性润滑油和化工原料合成润滑油。

润滑油的征收范围包括以石油为原料加工的矿物性润滑油、矿物性润滑油基础油。植物性润滑油、动物性润滑油和化工原料合成润滑油不属于润滑油的征收范围。

(7) 燃料油。燃料油也称重油、渣油。燃料油征收范围包括用于电厂发电、船舶锅炉燃料、加热炉燃料、冶金和其他工业炉燃料的各类燃料油。

7. 汽车轮胎

汽车轮胎税目的具体征收范围包括：轻型乘用汽车轮胎，载重及公共汽车、无轨电车轮胎，矿山、建筑等车辆用轮胎，特种车辆用轮胎（指行驶于无路面或雪地、沙漠等高越野轮胎），摩托车轮胎，各种挂车用轮胎，工程车轮胎，其他机动车轮胎，汽车与农用拖拉机、收割机、手扶拖拉机通用轮胎。

8. 摩托车

本税目包括轻便摩托车和最大设计时速超过50千米/小时，空车质量不超过400千克的两轮和三轮机动车。

9. 小汽车

税法规定了征收消费税小汽车产品的具体品目。小汽车是指由动力装置驱动，具有四个和四个以上车轮的非轨道无架线，且主要用于载送人员及其随身物品的车辆。本税目征收范围包括以下三种：

（1）小轿车。指用于载送人员及其随身物品且座位布置在两轴之间的四轮汽车。小轿车的征收范围包括微型轿车［气缸容量（即排气量，下同）<1 000毫升］，普通轿车（1 000毫升≤气缸容量<2 200毫升）；高级轿车（气缸容量≥2 200毫升）及赛车。

（2）越野车。指四轮驱动、具有高通过性的车辆。越野车的征收范围包括轻型越野车（气缸容量<2 400毫升）；高级越野车（气缸容量≥2 400毫升）及赛车。

（3）小客车，又称旅行车。指具有长方箱形车厢、车身长度小于或等于3.5米的"微型客车"和大于3.5米小于7米的乘客座位（不含驾驶员座位）在22座以下的"中型客车"。小客车的征收范围包括微型客车（气缸容量<2 000毫升）、中型客车（气缸容量≥2 000毫升）。用上述应税车辆的底盘组装、改装、改制的各种货车、特种用车（如急救车、抢修车）等不属于本税目征收范围。

10. 高尔夫球及球具

高尔夫球及球具是指从事高尔夫球运动所需的各种专用装备，包括高尔夫球、高尔夫球杆及高尔夫球包（袋）等。高尔夫球是指重量不超过45.93克、直径不超过42.67毫米的高尔夫球运动比赛、练习用球；高尔夫球杆是指被设计用来打高尔夫球的工具，由杆头、杆身和握把三部分组成；高尔夫球包（袋）是指专用于盛装高尔夫球及球杆的包（袋）。该税目征收范围包括高尔夫球、高尔夫球杆、高尔夫球包（袋）。高尔夫球杆的杆头、杆身和握把也属于该税目的征收范围。

11. 高档手表

高档手表是指销售价格（不含增值税）每只在10 000元（含）以上的各类手表。

12. 游艇

游艇是指长度大于8米小于90米，船体由玻璃钢、钢、铝合金、塑料等多种材料制作，可以在水上移动的水上浮载体。按照动力划分，游艇分为无动力艇、帆艇和机动艇。

本税目征收范围包括艇身长度大于8米（含）小于90米（含），内置发动机，可以在水上移动，一般为私人或团体购置，主要用于水上运动和休闲娱乐等非牟利活动的各类机动艇。游艇税率为10%。

13. 木制一次性筷子

生产和使用木制一次性筷子客观上消耗了大量木材资源，还给环境带来了污染。为了有利于增强人们的环保意识、引导消费和节约木材资源，将木制一次性筷子纳入消费税征税范围，税率为5%。

14. 实木地板

实木地板是指天然木材经烘干、加工后形成的具有天然原木纹理色彩图案的地面装饰材料。为了鼓励节约使用木材资源，保护生态环境，此次消费税调整，将其作为一个税目，按照5%的税率征收消费税。

三、消费税税率

消费税采用比例税率和定额税率两种形式，以适用不同应税消费品的实际情况。见表3-1-1。

表3-1-1　最新消费税税目税率表

税　　目	税　　率
一、烟	
1. 卷烟	
（1）甲类卷烟（每标准条200支调拨价≥70元）	56%，150元/标准箱或0.003元/支
（2）乙类卷烟（每标准条200支调拨价＜70元）	36%，150元/标准箱或0.003元/支

（续上表）

税　　　目	税　　　率
（3）烟（批发环节）	5%
2. 雪茄烟	36%
3. 烟丝	30%
二、酒及酒精	
1. 白酒	20% 加 0.50 元/500 克（或者 500 毫升）
2. 黄酒	240 元/吨
3. 啤酒	
（1）甲类啤酒	250 元/吨
（2）乙类啤酒	220 元/吨
4. 其他酒	10%
5. 酒精	5%
三、化妆品	30%
四、贵重首饰及珠宝玉石	
1. 金银首饰、铂金首饰和钻石及钻石饰品	5%
2. 其他贵重首饰和珠宝玉石	10%
五、鞭炮、焰火	15%
六、成品油	
1. 汽油	
（1）含铅汽油	1.40 元/升
（2）无铅汽油	1.00 元/升
2. 柴油	0.80 元/升
3. 航空煤油	0.80 元/升
4. 石脑油	1.00 元/升
5. 溶剂油	1.00 元/升
6. 润滑油	1.00 元/升
7. 燃料油	0.80 元/升

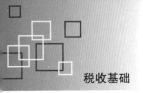

（续上表）

税　　目	税　　率
七、汽车轮胎	3%
八、摩托车	
1. 气缸容量（排气量，下同）在250毫升（含250毫升）以下的	3%
2. 气缸容量在250毫升以上的	10%
九、小汽车	
1. 乘用车	
（1）气缸容量（排气量，下同）在1.0升（含1.0升）以下的	1%
（2）气缸容量在1.0升以上至1.5升（含1.5升）的	3%
（3）气缸容量在1.5升以上至2.0升（含2.0升）的	5%
（4）气缸容量在2.0升以上至2.5升（含2.5升）的	9%
（5）气缸容量在2.5升以上至3.0升（含3.0升）的	12%
（6）气缸容量在3.0升以上至4.0升（含4.0升）的	25%
（7）气缸容量在4.0升以上的	40%
2. 中轻型商用客车	5%
十、高尔夫球及球具	10%
十一、高档手表	20%
十二、游艇	10%
十三、木制一次性筷子	5%
十四、实木地板	5%

说明：

（1）根据国家税务局发布的《关于调整烟产品消费税政策的通知》（财税〔2009〕84号），自2009年5月1日起在卷烟批发环节加征一道从价税，税率为5%。即在中华人民共和国国境内从事卷烟批发的单位和个人，凡是批发销售所有牌号规格卷烟，都要按批发卷烟的销售额（不含增值税）乘以5%的税率缴纳批发环节的消费税。纳税人收讫销售款或者取得索取销售款凭据的当日为纳税义务发生时间，纳税地点为卷烟批发企业机构所在地。

（2）纳税人兼营不同税率应税消费品，应分别核算不同税率应税消费品的销售额和销售数量。未分别核算的，或者将不同税率的应税消费品组成成套消费品销售的，从高适用税率。

四、消费税的计税依据和计税方法

消费税的计税依据有销售数量和销售额两种，其计税方法有从量定额、从价定率，以及从量定额和从价定率相结合的复合计税方法。

五、减免税

消费税减免在我国可分为政策性减免和临时性减免。出口应税消费品和国务院有特别规定的可以免征消费税。航空煤油暂缓征收消费税，子午线轮胎免征消费税。

项目3.2 消费税的计算

☆知识目标

➤ 理解消费税的计税依据
➤ 掌握消费税应纳税额的计算

◆能力目标

➤ 能确认不同应税消费品的消费税税率
➤ 能计算消费税的应纳税额

一、从量定额的计算

在从量定额计算方法下，应纳税额的计算取决于消费品的应税数量和单位税额两个因素。其基本计算公式如下：

$$应纳税额 = 应税消费品的销售数量 \times 单位税额$$

销售数量是指纳税人生产、加工和进口应税消费品的数量。具体规定

如下：

(1) 销售应税消费品的，为应税消费品的销售数量。

(2) 自产自用应税消费品的，为应税消费品的移送使用数量。

(3) 委托加工应税消费品的，为委托方收回的应税消费品数量。

(4) 进口应税消费品的，为海关核定的进口数量。

实行从量定额办法计算应纳税额的应税消费品，计算单位的换算标准如下：

啤酒：1 吨 = 988 升　　黄酒：1 吨 = 962 升

汽油：1 吨 = 1 388 升　　柴油：1 吨 = 1 176 升

【案例 3 - 2 - 1】 石化公司 9 月销售汽油 1 000 吨，柴油 200 吨，计算该公司当月应纳的消费税额。

汽油应纳税额 = 100 × 1 388 × 0.20 = 17 760（元）；

柴油应纳税额 = 200 × 1 176 × 0.10 = 13 520（元）；

该公司当月应纳消费税总额为：17 760 + 13 520 = 31 280（元）。

二、从价定率计算方法

在从价定率计算方法下，应纳税额的计算取决于应税消费品的销售额和适用的税率两个因素。其基本计算公式如下：

$$应纳税额 = 应税消费品的销售额 \times 适用税率$$

销售额是指纳税人销售货物或应税劳务向购买方收取的全部价款和价外费用。所谓价外费用，是指在价格以外向购买方收取的手续费、补贴、基金、集资费、返还利润、奖励费、违约金（延期付款利息）、包装费、包装物租金、储备费、优质费、运输装卸费、代收款项、代垫款项及其他各种性质的价外收费。但不包括下列款项：①承运部门的运费发票开具给购货方的；②纳税人将该项发票转交给购货方的。

价外费用，无论是否属于纳税人的收入，均应并入销售额计算征税。销售额的确定应注意以下问题：

(1) 销售额不包括向购买方收取的增值税款。如果纳税人应税消费品的销售额中未扣除增值税款或者因不得开具增值税专用发票而发生价款和增值税税款合并收取的，在计算消费税时，应当换算为不含增值税税款的销售额。其换算公式如下：

$$应税消费品的销售额 = 含增值税的销售额 / (1 + 增值税税率和征收率)$$

在使用换算公式时，应根据纳税人的具体情况分别使用增值税税率或征收率。如果消费税的纳税人同时又是增值税一般纳税人的,应适用17%的增值税税率;如果消费税的纳税人是增值税小规模纳税人的,应适用3%的征收率。

【案例3-2-2】 美柔化妆品厂为增值税一般纳税人,2013年4月1日向某大型商场销售化妆品一批,开具增值税专用发票,取得不含增值税销售额100万元,增值税额17万元。4月25日向某单位销售化妆品一批,开具普通发票,取得含增值税销售额11.70万元。化妆品适用消费税税率30%。该化妆品生产企业4月应缴纳的消费税额如下:

应缴纳的消费税额 = [100 + 11.70/(1 + 17%)] ×30% = 33(万元)

(2)应税消费品连同包装物销售的,无论包装物是否单独计价,也不论在会计上如何核算,均应并入应税消费品的销售额中征收消费税。如果包装物不随同产品销售,而是收取押金,此项押金则不应并入应税消费品的销售额中征税。但对因逾期而未收回的包装物不再退还的和已收取1年以上押金的,应并入应税消费品的销售额,按照应税消费品适用的税率征收消费税。

对既作价随同应税消费品销售,又另外收取的包装物押金,凡纳税人在规定的期限内不予退还的,均应并入应税消费品的销售额,按照应税消费品的适用税率征收消费税。对销售酒类产品而收取的包装物,无论是否返还以及会计上如何核算,均应并入销售额征税。

(3)纳税人自产自用的应税消费品,用于连续生产不纳税,用于其他方面在销售时按照纳税人生产同类的消费品计算纳税;没有同类消费品的销售价格,应以组成计税价格计算纳税,组成计税价格的计算公式如下:

组成计税价格 = (成本 + 利润) ÷ (1 – 消费税税率)

1)有同类消费品销售价格的自产自用的应税消费品应纳税额的计税公式如下:

应纳税额 = (同类消费品销售价格 × 自用数量) × 税率

如果当月同类消费品各期销售价格高低不同,应按销售数量加权平均计算。但销售的应税消费品的销售价格明显偏低又无正当理由的,不得列入加权平均计算。

如果当月无销售,应按照同类消费品上月或最近月份的销售价格计算纳税。

【案例3-2-3】 某日用化工厂将生产的某一牌号的洗发水2 000支发给本企业职工作为福利,该牌号洗发水当月销售价格30元/支,洗发水的消费税税率为17%。则这部分洗发水消费税应纳税额如下:

应纳税额 = 30 × 2 000 × 17% = 10 200(元)

如果上例该日用化工厂当月同牌号的洗发水销售价格高低不等，在当月销售的洗发水 50 000 支中，第一次销售 10 000 支，单价 32 元/支；第二次销售 20 000 支，单价 28 元/支；第三次销售 15 000 支，单价 30 元/支。计算同类应税消费品的加权平均销售价格时，由于第二次销售，销售价格明显偏低，因此，不得列入加权平均范围，应按照第二次、第三次、第四次销售价格加权平均计算。

同类消费品加权平均销售价格第一次、第二次、第三次销售额之和/第一次、第二次、第三次销售量之和 =（10 000×32 + 20 000×28 + 15 000×30）/（10 000 + 20 000 + 15 000）= 29.56（元/支）。

应纳税额平均销售价格×自用数量×税率 = 29.56×2 000×17% = 10 050.40（元）

如果上例当月无销售，上月同牌号洗发水销售价格为 29 元/支，则计算如下：

应纳税额 = 29×2 000×17% = 9 860（元）

另外，对于价格明显偏低并无正当理由的按下列顺序确定计税销售额：①按纳税人当月同类应税消费品的平均销售价格确定；②按纳税人最近时期同类应税消费品的平均销售价格确定；③按组成计税价格确定。

2）没有同类消费品销售价格的自产自用的应税消费品应纳税额的计算公式如下：

应纳税额 = 组成计税价格×自用数量×税率

组成计税价格 =（成本 + 利润）÷（1 - 消费税税率）

这里所说的"成本"，是指应税消费品的产品生产成本，"利润"是指根据应在消费品的全国平均成本利润率计算的利润。应税消费品全国平均成本利润率由国家税务总局确定。见表 3 - 2 - 1。

表 3 - 2 - 1　应税消费品全国平均利润率表

货物名称	利润率（%）	货物名称	利润率（%）
甲类卷烟	10	贵重首饰及珠宝玉石	6
乙类卷烟	5	汽车轮胎	5
雪茄烟	5	摩托车	6
烟丝	5	高尔夫球及球具	10
粮食白酒	10	高档手表	20
薯类白酒	5	游艇	10

（续上表）

货物名称	利润率（%）	货物名称	利润率（%）
其他酒	5	木制一次性筷子	5
酒精	5	实木地板	5
化妆品	5	乘用车	8
鞭炮、焰火	5	中轻型商用客车	5

【案例3-2-4】某汽车制造厂将10辆自己生产的排气量在3 000毫升以上的小轿车赞助给城市运动会，因该种车正处于试生产阶段，尚未核定价格，该厂生产一辆小轿车的成本5万元，小轿车消费税税率为8%，小轿车全国平均成本利润率8%。

对该企业的应纳税额，应按下列公式组价计算如下：

组成计税价格＝（成本＋利润）÷（1－消费税税率）＝（5＋5×8%）÷（1－8%）＝5.87（万元）

应纳税额组成计税价格×自用数量×税率＝5.87×10×8%＝4.70（万元）

3）纳税人通过自设非独立核算门市部销售的自产应税消费品，应当按门市部对外销售额或销售数量征收消费税。

【案例3-2-5】俊美摩托车厂为增值税一般纳税人，6月将生产摩托车10辆，以每辆出厂价20 000元（不含增值税）给自设非独立核算的门市部；门市部又以每辆35 100元（含增值税）售给消费者。摩托车适用的消费税税率为10%，摩托车厂6月应缴纳消费税税额如下：

应纳税额＝销售额×税率＝35 100÷（1＋17%）×10×10%＝30 000（元）

4）委托加工的应税消费品，按照受托方同类消费品，按照受托方同类消费品的销售价格计算纳税；没有同类消费品的销售价格，按照组成计税价格。其计算公式如下：

组成计税价格＝（成本＋加工费）÷（1－消费税税率）

【案例3-2-6】A企业委托B企业加工一批应税消费品，实际成本为8 000元，支付B企业加工费为1 000元（不含税加工费），已知消费税税率为10%，受托方无同类消费品的销售价格。计算应税消费税税额：

组成计税价格＝（8 000＋1 000）÷（1－10%）＝10 000（元）

应纳消费税税额＝10 000×10%＝1 000（元）

5）进口应税消费品，按照组成计税价格计算纳税。其计算公式如下：

组成计税价格＝（关税完税价格＋关税）÷（1－消费税税率）

【案例 3-2-7】 某公司进口一批小轿车 300 辆，关税完税价格每辆 15 万元，关税税率 25%，小轿车消费税税率 9%。计算小轿车消费税的应纳消费税税额。

组成计税价格 =（15 + 15 × 25%）÷（1 - 9%）= 20.60（万元）
应纳税额 = 20.60 × 300 × 9% = 556.32（万元）

三、从价定率和从量定额形结合的复合计税方法的计算

卷烟、白酒（粮食类和薯类白酒）的消费税计税办法为实行从价定率和从量定额形结合的复合计税方法，其基本计算公式如下：

应纳税额 = 应税销售数量 × 定额税率 + 应税销售额 × 比例税率

（1）生产销售卷烟。

1）从量定额计税依据为卷烟的实际销售数量。

2）从价定率计税办法的计税依据为卷烟的调拨价格或核定价格。

其中，调拨价格是指卷烟生产企业通过卷烟交易市场与购货方签订的卷烟交易价格，计税调拨价格由国家税务总局按照"中国烟草交易中心和各省烟草交易（定货）会（2000年）各牌号、规格卷烟的调拨价格"确定。核定价格是指由税务机关按其零售价倒算一定比例的办法核定计税价格。核定价格是指不进入交易中心、没有调拨价格的卷烟，应由税务机关按其零售价格测算一定的比例核定计税价格，核定价格的计算公式如下：

某牌号规格卷烟核定价格 = 该牌号规格卷烟市场零售价格 ÷（1 + 35%）

3）核定价格是指不进入交易中心、没有调拨价格的卷烟，应由税务机关按其零售价格测算一定的比例核定计税价格。

4）非标准条包装卷烟是指每条包装多于或少于 200 支的条包装卷烟。非标准条包装卷烟应当折算成标准包装卷烟的数量，依其实际销售收入计算确定其折算成标准条包装后的实际销售价格，并确定适用的比例税率。

（2）进口卷烟、委托加工卷烟、自产自用卷烟从量定额计税依据分别为海关核定的进口征税数量、委托方收回数量、移送使用数量。从价定率计税依据按《中华人民共和国消费税暂行条例》及其有关规定执行。

（3）生产销售粮食白酒、薯类白酒，从量定额计税依据为粮食白酒、薯类白酒的实际销售数量。

（4）进口、委托加工、自产自用粮食白酒、薯类白酒，从量定额计税办法的计税依据分别为海关核定的进口征税数量、委托方收回数量、移送使

用数量。

(5) 生产销售、进口、委托加工、自产自用粮食白酒从价定率计税办法的计税依据按《中华人民共和国消费税暂行条例》及其有关规定。

【案例 3-2-8】 某烟厂 2013 年 9 月生产并销售一批甲类卷烟,共 20 箱(每箱 50 000 支),该批卷烟每标准条(200 支)的调拨价格为 80 元。请计算该批卷烟应纳的消费税税额。

应纳税额 = 50 000 × 0.003 × 20 + 50 000 ÷ 200 × 20 × 80 × 56% = 227 000 (元)

【案例 3-2-9】 某酒厂 2013 年 9 月某酒厂对外销售粮食白酒 1 000 吨,每吨不含增值税的销售价格为 400 元。计算该批粮食白酒应纳的消费税税额。

应纳税额 = 1 000 × 1 000 × 2 × 0.50 + 1 000 × 400 × 20% = 864 000 (元)

项目 3.3 消费税的会计处理

☆ 知识目标

➢ 掌握消费税的账务处理

◆ 能力目标

➢ 能熟练写出消费税会计处理中的会计分录

一、应缴纳消费税的消费品

企业生产的需要缴纳消费税的消费品,在销售时应当按照缴消费税额借记"营业税金及附加"科目,贷记"应交税费——应交消费税"科目。实际缴纳消费税时,借记"应交税费——应交消费税"科目,贷记"银行存款"科目。发生销货退回及退税时作相反的会计分录。

企业出口应税消费品如按规定不予免税或退税的,应视同国内销售,按上款规定进行会计处理。

【案例3-3-1】 某企业销售一批应税消费品，其应缴消费税为30 000元，账务处理如下：

从销售额中计提消费税费时，其会计分录为：

借：营业税金及附加　　　　　　　　　　　　　　　　　30 000
　　贷：应交税费——应交消费税　　　　　　　　　　　　30 000

实际缴纳消费税时，其会计分录为：

借：应交税费——应交消费税　　　　　　　　　　　　　30 000
　　贷：银行存款　　　　　　　　　　　　　　　　　　　30 000

发生销货退回及退税时，其财务分录为：

借：应交税费——应交消费税　　　　　　　　　　　　　30 000
　　贷：营业税金及附加　　　　　　　　　　　　　　　　30 000
借：银行存款　　　　　　　　　　　　　　　　　　　　30 000
　　贷：应交税费——应交消费税　　　　　　　　　　　　30 000

二、作为投资的应税消费品

企业以生产的应税消费品作为投资按规定应缴纳的消费税，借记"长期投资"科目，贷记"应交税费——应交消费税"科目。企业以生产的应税消费品换取生产资料、消费资料或抵偿债务、支付代购手续费等，应视同销售进行会计处理，按规定应缴纳的消费税，并按照规定进行会计处理。企业将生产的应税消费品用于在建工程、非生产机构等其他方面的，按规定应缴纳的消费税，借记"固定资产""在建工程""营业外支出""销售费用"等科目，贷记"应交税费——应交消费税"科目。随同产品出售但单独计价的包装物，按规定应缴纳的消费税，借记"其他业务支出"科目，贷记"应交税费——应交消费税"科目。企业逾期未还的包装物押金，按规定应缴纳的消费税，借记"其他业务支出""其他应付款"等科目，贷记"应交税费——应交消费税"科目。

【案例3-3-2】 某厂以生产的一批应税消费品作为投资与他人合资办企业，该批应税消费品的应缴消费税为100 000元，其会计处理如下：

借：长期投资　　　　　　　　　　　　　　　　　　　100 000
　　贷：应交税费——应交消费税　　　　　　　　　　　100 000

该厂实际缴纳消费税时，其会计分录为：

借：应交税费——应交消费税　　　　　　　　　　　　100 000
　　贷：银行存款　　　　　　　　　　　　　　　　　　100 000

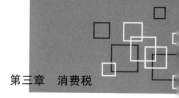

【案例 3-3-3】 某企业采取以物易物的方式，用一批应税的消费品换取了本企业急需的生产资料。这批应税消费品的应缴消费税金为 5 000 元，这笔业务的会计处理为：

借：营业税金及附加　　　　　　　　　　　　　　5 000
　　贷：应交税费——应交消费税　　　　　　　　　　5 000

实际缴纳消费税时，会计分录为：

借：应交税费——应交消费税　　　　　　　　　　5 000
　　贷：银行存款　　　　　　　　　　　　　　　　5 000

【案例 3-3-4】 某企业以一批应税消费品换取了本厂职工需用的消费资料，这批应税消费品的应缴消费税为 65 000 元，该项业务的会计账务处理如下：

借：营业税金及附加　　　　　　　　　　　　　　65 000
　　贷：应交税费——应交消费税　　　　　　　　　65 000

将计提的消费税入库时，会计分录为：

借：应交税费——应交消费税　　　　　　　　　　65 000
　　贷：银行存款　　　　　　　　　　　　　　　　65 000

【案例 3-3-5】 某企业以一批应税消费品抵偿债务及代购手续费，该批应税消费品的应缴消费税 4 300 元。其会计处理为：

借：营业税金及附加　　　　　　　　　　　　　　4 300
　　贷：应交税费——应交消费税　　　　　　　　　4 300

实际缴纳消费税时，其会计分录为：

借：应交税费——应交消费税　　　　　　　　　　4 300
　　贷：银行存款　　　　　　　　　　　　　　　　4 300

【案例 3-3-6】 某企业将生产的应税消费品用于在建工程，按规定这批应税消费品应缴消费税为 85 000 元，其账务处理为：

借：在建工程　　　　　　　　　　　　　　　　　85 000
　　贷：应交税费——应交消费税　　　　　　　　　85 000

【案例 3-3-7】 某企业销售一批应税消费品，随同产品出售的包装物单独计价，这批单独计价的包装物应缴消费税 3 600 元，其账务处理如下：

按包装物计提消费税时，其会计分录为：

借：其他业务支出　　　　　　　　　　　　　　　3 600
　　贷：应交税费——应交消费税　　　　　　　　　3 600

按计提的消费税入库时，其会计分录为：

借：应交税费——应交消费税　　　　　　　　　　3 600

  贷：银行存款   3 600

【案例3-3-8】 某企业销售一批应税消费品，其产品包装物不随同产品计价出售，而是预收了包装物押金3 600元，如购买方按期交回包装物则押金退回，否则押金归产品销售方所有。现该笔包装的购买方未能按期退回，故3 600元押金归销售方所有。按税法规定这3 600元押金收入也要缴纳消费税，适用税率为应税消费品的适用税率。现假设应税消费品为酒精，则包装物押金收入应纳消费税180元，会计分录为：

  借：其他应付款   180
    贷：应交税费——应交消费税   180

该笔消费税实现时，会计分录为：

  借：应交税费——应交消费税   180
    贷：银行存款   180

三、应税的委托加工消费品

  需要缴纳消费税的委托加工应税消费品，于委托方提货时，由受托方代扣代缴税款。受托方按应扣税款金额借记"应收账款""银行存款"等科目，贷记"应交税费——应交消费税"科目。委托加工应税消费品收回后，直接用于销售的，委托方应将代扣代缴的消费税计入委托加工的应税消费品成本，借记"委托加工材料""生产成本""自制半成品"科目，贷记"应付账款""银行存款"等科目；委托加工的应税消费品收回后用于连续生产应税消费品按规定准予抵扣的，委托方应按代扣代缴的消费税款，借记"应交税费——应交消费税"代缴的消费税款，借记"应交税费——应交消费税"科目，贷记"应付账款""银行存款"等科目。

  【案例3-3-9】 企业甲委托企业乙加工应税消费品，甲方提货时，乙方代扣代缴了4 000元消费税。甲方委托加工的应税消费品收回后，一半用于直接销售，另一半用于连续生产应税消费品，甲、乙方的会计处理分别如下：

  乙方于甲方提货时，代扣代缴了4 000元消费税，其会计分录为：

  借：应收账款   4 000
    贷：应交税费——应交消费税   4 000

  甲方委托加工应税消费品收回后，一半用于直接销售，甲方将一半的2 000元消费税计入委托加工的应税消费品成本，会计分录为：

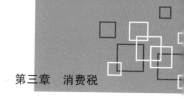

借：委托加工材料　　　　　　　　　　　　　　　　　2 000
　　贷：应付账款　　　　　　　　　　　　　　　　　　2 000

甲方另一半应税消费品用于连续生产，按规定这2 000元消费税准予抵扣，其会计分录为：

借：应交税费——应交消费税　　　　　　　　　　　　2 000
　　贷：银行存款　　　　　　　　　　　　　　　　　　2 000

四、应税的进口消费品

需要缴纳消费税的进口消费品，其缴纳的消费税应计入该项消费品的成本，借记"固定资产""商品采购""材料采购"等科目，贷记"银行存款"等科目。

【案例3－3－10】某企业进口一批应税消费品，缴纳消费税250 000元，按规定其缴纳的消费税应计入该项产品的成本，其会计账务处理为：

借：材料采购　　　　　　　　　　　　　　　　　　　250 000
　　贷：银行存款　　　　　　　　　　　　　　　　　　250 000

项目3.4　消费税的征收管理

☆知识目标

➢ 掌握消费税的纳税申报

◆能力目标

➢ 能处理消费税的纳税申报

一、纳税义务发生时间

消费税纳税义务发生时间分为以下四种情况：
（1）纳税人销售的应税消费品，其纳税义务发生的时间如下。
1）纳税人采取赊销和分期收款结算方式的，其纳税义务的发生时间为

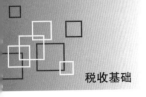

销售合同规定的收款日期的当日。

2）纳税人采取预收货款结算方式的，其纳税义务的发生时间为发出应税消费品的当日。

3）纳税人采取托收承付结算方式销售的应税消费品，其纳税义务的发生时间为发出应税消费品的并办妥托收手续的当日。

4）纳税人采取其他结算方式的，其纳税义务的发生时间为收讫销售款或取得索取销售凭据的当日。

（2）纳税人自产自用的应税消费品，其纳税义务的发生时间为移送使用的当日。

（3）纳税人委托加工的应税消费品，其纳税义务的发生时间为纳税人提货的当日。

（4）纳税人进口的应税消费品，其纳税义务的发生时间为报关进口的当日。

二、纳税地点

消费税纳税地点分为以下四种情况：

（1）纳税人销售的应税消费品及自产自用的应税消费品，除国家另有规定外，应当向纳税核算地主管税务机关申报纳税。纳税人总机构和分支机构不在同一县（市）的，应在生产应税消费品的分支机构所在地申报纳税。但经国家税务总局及所属分局批准，纳税人分支机构应纳消费税，也可由总机构汇总向总机构所在地主管税务机关申报纳税。

（2）纳税人到外县（市）销售或委托外县（市）代销自产应税消费品的，应事先向其所在地主管税务机关提出申请，并于应税消费品销售后，回纳税人核算地缴纳税款。

（3）委托加工的应税消费品，由受托方向所在地主管税务机关报缴消费税税款。

（4）进口的应税消费品，由进口人或其代理人向报关地海关申报纳税。此外，个人携带或者邮寄进境的应税消费品，连同关税由海关一并计征。具体办法由国务院关税税则委员会会同有关部门制定。

三、纳税环节

消费税的纳税环节人为以下三种情况：

（1）生产环节。纳税人生产的应税消费品，由生产者于销售时纳税。其中，生产者自产自用的应税消费品，用于本企业连续生产的不征税；用于其他方面的，于移送使用时纳税。

委托加工的应税消费品，由受托方在向委托方交货时代收代缴税款。委托加工的应税消费品直接出售的，不再征收消费税；委托加工应税消费品收回后用于连续生产应税消费品的，因最终生产的消费品需缴纳消费税，因此，对受托方代收代缴的消费税准予抵扣。

开征消费税的目的决定了消费税税款最终由消费者负担，为此，消费税的纳税环节确定在最终消费环节较为合适。但现行《中华人民共和国消费税暂行条例》中，却将纳税环节确定在生产环节，主要有以下原因：一是可以大大减少纳税人数量、降低征管费用、加强源泉控制和减少税款流失的风险；二是可以保证税款及时上缴国库；三是把纳税环节提前并实行价内税形式，增加了税负的隐蔽性，这样可以在一定程度上避免不必要的社会震动。

（2）进口环节。进口的应税消费品，由进口报关者于报关进口时纳税。

（3）零售环节。金银首饰消费税由生产销售环节征收改为零售环节征收。

四、纳税期限

消费税的纳税期限分别为 1 日、3 日、5 日、10 日、15 日或 1 个月。纳税人的具体纳税期限，由主管税务机关根据纳税人应纳税额的大小分别核定；不能按照固定期限纳税，可以按次纳税。

纳税人以 1 个月为一期纳税的，自期满之日起 10 日内申报纳税。以 1 日、3 日、5 日、10 日或者 15 日为一期纳税的，自期满之日起 5 日内预缴税款，于次月 1 日起 10 日内申报纳税并结清上月应纳税款。纳税人进口应税消费品，应当自海关填发税款缴纳证的次日起 7 日内缴纳税款。

五、报缴税款的方法

纳税人报缴税款的方式，由所在地主管税务机关视不同情况，从下列方法中确定一种。

（1）纳税人按期向税务机关填报纳税申报表，并填开纳税缴款书，向其所在地代理金库的银行缴纳税款。

（2）纳税人按期向税务机关填报纳税申报表，由税务机关审核后填发缴款书，按期缴纳。

（3）对会计核算不健全的小型业户，税务机关可根据其产销情况，按季或按年核定应纳税额。

练 习 题

一、单项选择题

1. 根据消费税法律制度的规定，下列各项中，属于消费税征税范围的消费品有（　　）。
   A. 高档手机　　B. 自行车轮胎　　C. 高尔夫球具　　D. 竹制筷子

2. 根据消费税法律制度规定，下列各项中，其消费税实行从量定额征收的是（　　）。
   A. 酒精　　　　B. 雪茄烟　　　　C. 摩托车　　　　D. 啤酒

3. 纳税人将应税消费品与非应税消费品以及适用税率不同的应税消费品组成成套消费品销售的，应按（　　）。
   A. 应税消费品的平均税率
   B. 应税消费品的最高税率
   C. 应税消费品的不同税率，分别计征
   D. 应税消费品的不同税率计征

4. 某企业用本厂生产的酒精连续生产白酒，则其消费税的缴纳情况应为（　　）。
   A. 酒精不纳税，白酒纳税　　　　B. 酒精和白酒都纳税
   C. 酒精纳税，白酒不纳税　　　　D. 酒精和白酒都不纳税

5. 纳税人自产自用应税消费品，用于连续生产应税消费品的（　　）。
   A. 视同销售纳税　　　　　　　　B. 于移送使用时交税
   C. 按组成计税价格交税　　　　　D. 不纳税

6. 没收与销售应税消费品（从价计征）有关的包装物押金（　　）。
   A. 应按包装物的适用税率征收消费税
   B. 应按所包装的消费品的适用税率征收消费税
   C. 可不征收消费税
   D. 根据会计核算不同也不同

7. 不征收消费税的消费品是企业（　　）。
   A. 用于抵偿债务的化妆品　　　　B. 用于本企业职工福利的卷烟
   C. 用于广告宣传用的白酒样品　　D. 委托加工收回后直接销售的药酒

8. 符合消费税纳税义务发生时间规定的是（　　）。

A. 进口的应税消费品，为取得进口货物的当日

B. 自产自用的消费品，为移送使用的当日

C. 委托加工的应税消费品，为支付加工费的当日

D. 采取预收账款结算方式的，为收到预收款的当日

二、多项选择题

1. 下列各项中，不应征收消费税的是（　　）。

A. 某商店（一般纳税人）销售的啤酒

B. 某公司委托一日用品加工企业生产的高级竹筷

C. 某酒厂生产并销售给批发商的白酒

D. 某盐厂将购进的液体盐继续加工成固体盐

2. 对下列消费品除征收增值税外，在征收一道消费税，进行调节的是（　　）。

A. 化妆品　　B. 小轿车　　C. 自行车　　D. 卷烟

3. 消费税是在（　　）环节计征。

A. 批发　　B. 零售　　C. 生产和进口　　D. 进口

4. 我国现行的消费税的计税依据为纳税人的（　　）。

A. 消费数量　　B. 所得额　　C. 销售数量　　D. 销售额

5. 应视同消费税，征收消费税的有（　　）。

A. 有偿转让应税消费品所有权

B. 委托加工应税消费品直接出售

C. 将自产自用的应税消费品用于其他方面

D. 委托加工应税消费品收回后继续用于加工应税消费品

6. 适用于从量定额和从价定率相结合的复合计税方法的商品有（　　）。

A. 甲类卷烟　　B. 乙类卷烟　　C. 粮食白酒　　D. 薯类白酒

7. 不缴纳消费税的项目有（　　）。

A. 委托加工收回的已税消费品用于对外销售

B. 将自产应税消费品用于展销

C. 将自产应税消费品用于连续生产应税消费品

D. 将生产的小汽车提供给上级主管部门使用

8. 符合消费税纳税地点规定的有（　　）。

A. 委托加工的应税消费品，由委托方向所在地税务机关申报缴纳

B. 进口的应税消费品，由进口方或其代理人向报关地海关申报缴纳

C. 纳税人总机构与分支机构不在同一县市的,分支机构应回总机构申报缴纳

D. 纳税人到外县市销售自产应税消费品的,应回纳税人核算地申报

三、判断题

1. 再现行消费税法中,除了卷烟、白酒之外,其他应税消费品一律不得采用从价定率和从量定额相结合的复合计税方法。( )

2. 征收消费税每标准条调拨价格(不含增值税)在70元以上(含70元)的卷烟,税率为56%。( )

3. 企业把自己生产的应税消费品,以福利或奖励等形式发送给本厂职工的,由于没有实现对外销售,因此计入销售额,必须缴纳消费税。( )

4. 纳税人自产自用的应税消费品,以组成计税依据计算缴纳消费税。( )

5. 委托加工应税消费品,由委托方收回该消费品后缴纳消费税。( )

6. 进口应税消费品,应以销售收入为消费税征税对象。( )

7. 纳税人销售应税消费品一般向纳税人核算地主管税务机关申报。( )

8. 委托加工的应税消费品,受托方在交货时已代收代缴消费税的,委托方收回后直接出售的,不再征收消费税。( )

四、计算题

1. 某企业将生产的护肤护发品作为福利发给职工,其生产成本为5 000元,市场上无同类产品销售价格,国家税务局核定的该产品的成本利润率为5%,化妆品适用税率为30%。计算该企业应缴纳的消费税税额。

2. 胡成企业委托经贸公司加工一批应税消费品，胡成企业为经贸公司提供原材料，实际成本为 16 500 元，支付经贸公司加工费 1 500 元。计算该企业应缴纳的消费税税额。

3. 精诚公司 2013 年 9 月从国外进口小轿车 120 辆，每辆小轿车的到岸价格 18 万元，该小轿车的进口关税税率为 25%，消费税税率为 5%。请计算该公司应缴纳的消费税税额。

4. 亚迪汽车厂委托中通橡胶厂加工汽车轮胎 600 套，由该厂提供橡胶 600 千克，每千克成本 100 元做成一套轮胎，加工一套轮胎的加工费为 55 元，代垫辅料为 25 元，汽车轮胎消费税税率为 3%。计算该汽车厂委托加工汽车轮胎应缴纳的消费税税额。

5. 庆丰进出口公司进口一批小轿车 400 辆，关税完税价格每辆 15 万元，该小汽车消费税税率为 9%，关税税率为 25%。计算该进出口公司应缴纳的消费税税额。

6. 某卷烟厂于 2013 年 10 月生产并销售了一批乙类卷烟，共 60 箱，每箱 50 000 支，该批卷烟每标准条（200 支）的调拨价格为 80 元，乙类卷烟消费税税率为 36% 加 0.003 元/支。计算该批卷烟应缴纳的消费税税额。

7. 某酒厂 2013 年 5 月对外销售白酒 2 000 吨，每吨不含增值税的销售价格为 200 元，白酒消费税税率为 20% 加 0.50 元/500 克。计算该批白酒应缴纳的消费税税额。

8. 某日化厂（一般纳税人）2013 年 12 月将自产的 A 化妆品 25 000 套和 B 化妆品 9 600 套用于生产 C 化妆品组合，12 月对外销售 A 化妆品 45 700 套，不含税单价 15 元；销售 B 化妆品 37 900 套，不含税单价 18 元；销售 C 化妆品组合取得不含税收入 896 000 元，月末盘点发现仓库 A 化妆品丢失 280 套，化妆品消费税税率为 30%。计算该企业应缴纳的消费税税额。

9. 某酒厂 2001 年 7 月发生如下经济业务：

（1）销售粮食白酒 20 吨，不含税单价 6 000 元/吨，销售散装白酒 8 吨，不含税单价 4 500 元/吨，款项全部存入银行。

（2）销售以外购薯类白酒和自产糠麸白酒勾兑的散装白酒 4 吨，不含税单价 3 200 元/吨，货款已收回。

（3）用自产的散装白酒 10 吨，从农民手中换玉米，玉米已验收入库，开出收购专用发票。

（4）该厂委托某酒厂为其加工酒精，收回的酒精全部用于连续生产套装礼品白酒 6 吨，每吨不含税单价为 8 000 元。

计算该酒厂当月应纳消费税税额（注：粮食白酒定额税率 0.50 元/500 克，比例税率为 25%）。

10. 某卷烟厂生产销售乙级卷烟和烟丝，1998 年 8 月发生如下经济业务：

（1）8 月 1 日，期初结存烟丝买价 20 万元。8 月 31 日，期末结存烟丝买价 5 万元。

（2）8 月 3 日，购进已税烟丝买价 10 万元，取得增值税专用发票，烟丝已于 8 月 10 日入库。

（3）8 月 6 日，发往 B 烟厂烟叶一批，委托 B 烟厂加工烟丝，发出烟叶成本 20 万元，支付加工费 8 万元，B 烟厂没有同类烟丝销售价格。

（4）8 月 20 日，委托 B 烟厂加工的烟丝收回，出售一半取得收入 25 万元，生产卷烟领用一半。

（5）8 月 27 日，销售乙级卷烟取得收入 100 万元，销售外购烟丝取得收入 10 万元。

（6）8 月 28 日，没收逾期未收回的乙级卷烟包装物押金 234 000 元。

（7）8 月 29 日，收回委托个体户张某加工的烟丝（发出烟叶成本为 2 万元，支付加工费用 1 060 元，张某处同类烟丝销售价格的单位为万元），直接出售取得收入 3.50 万元。

计算该卷烟厂当月应纳消费税税额。

第四章 营 业 税

> 导入案例

南海红光大酒店是一家综合性酒店,2013年3月发生了以下业务:

(1) 下设卡拉OK歌舞厅于2013年3月取得包间费收入50万元,烟酒饮料费收入30万元。

(2) 下设保龄球馆于2013年3月租给某协会举办保龄球比赛,为期一周,取得收入3万元。其他时间自行经营取得收入12万元。

(3) 客房:取得房租收入180万元。

(4) 餐厅:取得中餐收入50万元,西餐收入20万元。

(5) 洗衣部:取得洗衣收入3万元。

(6) 商务中心:取得复印传真收入0.50万元,购复印纸支出0.20万元。

(7) 出售闲置房屋两套,原价100万元,出售所得收入180万元。该房已清理完毕。

思考:针对以上业务,有哪些业务需要缴纳营业税?分别属于哪些税目?应交的营业税应如何计算?营业税的纳税申报表应该如何填制?申报时间和地点有何要求?

项目4.1 营业税基础知识

☆知识目标

> 掌握营业税的纳税义务人的概念
> 掌握营业税的征税范围
> 掌握营业税的税目与税率

第四章 营业税

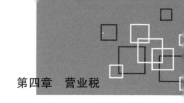

◆ 能力目标

➢ 能够准确确定企业的某一经营行为是否属于营业税征税范围

➢ 能够正确确定应税行为所属营业税税目和税率

一、营业税的概念

营业税是对在我国境内提供应税劳务、转让无形资产或者销售不动产的单位和个人就取得的营业额征收的一种流转税。

二、营业税纳税义务人和扣缴义务人

(一)营业税纳税义务人

在中华人民共和国境内提供应税劳务、转让无形资产或者销售不动产的单位和个人,为营业税的纳税人。其中,单位是指企业、行政单位、事业单位、军事单位、社会团体及其他单位(包括外商投资企业和外国企业);个人是指个体工商户和其他有经营行为的个人(包括在中国境内有经营行为的外籍个人)。

单位和个人构成营业税的纳税人,必须同时具备以下条件:

(1)提供应税劳务、转让无形资产或者销售不动产的行为,必须发生在中华人民共和国境内。

(2)提供应税劳务、转让无形资产或者销售不动产的行为,必须属于营业税的征税范围。

(3)必须是有偿或视同有偿提供应税劳务、转让无形资产所有权或使用权、转让不动产的所有权。

只有同时具备上述条件的单位和个人,才构成营业税的纳税人,否则就不构成营业税的纳税人。

(二)营业税的扣缴义务人

境外的单位或个人在境内提供应税劳务、转让无形资产或者销售不动产的，一般有两种情况：一种是在境内有代理人，此时以其境内代理人为扣缴义务人；另一种是境内没有代理人的，此时以应税劳务、无形资产或者不动产的受让方或者购买方为扣缴义务人。例如，外国甲企业在我国境内拥有一处房产，境内未设有经营机构和代理机构，甲企业将该房产销售给乙外资企业，则甲企业销售不动产应缴纳的营业税由乙企业代扣代缴。

▶ 知识链接

营业税纳税人的特殊规定

（1）企业租赁或者承包给他人经营的，一般以承租人或者承包人为纳税人。但如果承包人以发包人名义对外经营并由发包人承担相关法律责任的，以发包人为纳税人。

在中国境内承包工程作业和提供应税劳务的非居民也是营业税的纳税人。

（2）单位和个体户的员工、雇员为本单位或雇主提供劳务时，不构成纳税人。

三、营业税的征税范围

（一）营业税征税范围的一般规定

营业税的征税范围是在中华人民共和国境内提供应税劳务、转让无形资产或者销售不动产的行为。

"应税劳务"是指属于建筑业、金融保险业、文化体育业、娱乐业、服务业税目征收范围的劳务。交通运输业、邮电通信业加工和修理、修配不属于营业税应税劳务。

"有偿"是指取得货币、货物或者其他经济利益。

"境内"是指以下情况：

（1）提供或者接受税法规定劳务的单位和个人在境内。

（2）所转让的无形资产（不含土地使用权）的接收单位或个人在境内。

（3）所转让或者出租土地使用权的土地在境内。

（4）所销售或者出租的不动产在境内。

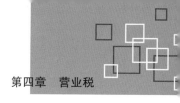

▶知识链接

表 4-1-1 营业税和增值税征税范围比较

流转额类型			征税税种	
			增值税	营业税
销售	有形资产	动产（商品、货物）	√	
		不动产（房屋、建筑物）		√
	无形资产			√
提供劳务	加工、修理、修配、应税服务		√	
	其他（7个行业）			√

（二）营业税征税范围的特别规定

1. 兼营不同税目的应税行为

纳税人在经营业务时，常常发生兼有不同税目的应当缴纳营业税的劳务、转让无形资产或者销售不动产的情形。在这种情形下，应当分别核算不同税目的营业额、转让额、销售额，然后按各自的使用税率计算应纳税额；未能分不同税目核算营业额的，选用所涉及税目中最高的使用税率作为计算应纳税额的税率。

例如，某酒店经营餐饮业，同时又开设了歌舞厅。餐饮业适用5%的营业税税率，歌舞厅适用税率为20%。该酒店应分别核算餐饮和歌舞厅的营业收入，如未能分别核算的，则全部收入适用20%的税率。这一规定的主要目的是防止纳税人将本应适用高税率的应税行为混入低税率的应税行为，从而减少应纳税额。

2. 兼营应税行为和货物或者非应税劳务

纳税人兼营应税行为和货物或者非应税劳务的，应当分别核算应税行为的营业额，以及货物或者非应税劳务的销售额，其应税行为营业额缴纳营业税，销售货物或者非应税劳务销售额征收增值税；为分别核算的，由主管税务机关核定其应税营业额。

3. 混合销售行为

一项销售行为如果既涉及应税劳务又涉及货物的，为混合销售行为，其特点是销售行为只是一项，且该项销售行为既涉及营业税的应税劳务又涉及

销售货物,并且销售货物和提供应税劳务之间有因果关系。例如,歌舞厅在向个人提供娱乐场所的同时,还向客户提供饮料等食品,这是一项既包括销售货物,也包括营业税应税劳务的行为。

根据税法规定,混合销售行为只征一种流转税,并根据纳税人的主业来确定需要缴纳哪种流转税。从事货物的生产、批发或者零售的企业、企业性单位和个体工商户的混合销售行为,视为销售货物,不缴纳营业税;其他单位和个人的混合销售行为,视为提供应税劳务,需要缴纳营业税。因此,歌舞厅既提供娱乐场所又提供饮料等食品的混合销售行为,应该视为提供应税劳务,缴纳营业税。

四、营业税的税目和税率

营业税根据行业、类别的不同分别设置8个税目,并采用不同的比例税率。见表4-1-2。

表4-1-2 营业税税目和税率

序 号	税 目	税率(%)
1	建筑业	3
2	金融保险业	5
3	电信业	3(2014年6月1日"营改增")
4	文化体育业	3
5	娱乐业	5~20
6	服务业	5
7	转让无形资产	5
8	销售不动产	5

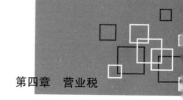

第四章 营业税

项目4.2 营业税的计算

☆知识目标

➢ 掌握各行业营业税计税依据的确定方法
➢ 掌握各行业营业税的税额计算
➢ 掌握各行业营业税的会计处理方法
➢ 了解营业税的税收优惠

◆能力目标

➢ 能够根据不同业务熟练计算营业税
➢ 能够完成不同业务营业税的会计处理

一、营业税的会计处理

(一) 营业税的计算公式

根据《中华人民共和国营业税暂行条例》的规定,应纳营业税的计算公式如下:

$$应纳营业税 = 营业额 \times 适用税率$$

纳税人的营业额是营业税的计税依据,营业额为纳税人提供应税劳务、转让无形资产或者销售不动产收取的全部价款和价外费用。

价外费用,包括收取的手续费、补贴、基金、集资费、返还利润、奖励费、违约金、滞纳金、延期付款利息、赔偿金、代收款项、罚息及其他各种性质的价外收费。

所有价外费用,不管会计制度规定如何核算,均应并入营业额计算应纳税额。

营业额以人民币计算。纳税人以人民币以外的货币结算营业额的,应当

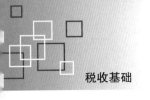

折合成人民币计算。

二、各行业营业税的计算

在计算各行业营业税时，主要是确定计税依据，然后根据各行业营业税税率，计算相应的营业税。

（一）建筑业

建筑业是指建筑安装工程作业，包括建筑、安装、修缮、装饰，以及其他工程作业。其计税依据为承接建筑、安装、修缮、装饰和其他工程作业向建设单位收取的工程价款及价外费用。具体应注意以下特殊规定：

纳税人提供建筑业劳务（不含装饰劳务）的，其营业额应当包括工程所用原材料、设备及其他物资和动力价款在内，但不包括建设方提供的设备的价款。即对于工程所用原材料、其他物资和动力，无论是建设单位提供还是纳税人提供，均应并入营业额缴纳营业税；而工程所安装的设备，则要区分是建设单位提供还是纳税人外购。如果是纳税人外购，则并入营业额缴纳营业税；如果属于建设单位提供，则不需要并入营业额。

【案例4-2-1】甲建筑公司承建乙企业生产车间的建筑和安装工程，整个建筑安装合同金额为700万元，包括建筑房屋金额400万元和安装设备金额50万元，建筑材料250万元。合同规定，建筑房屋所需设备200万元由乙企业自行采购。在此合同下，营业税劳务计税金额应如何计算？

【分析】根据"纳税人提供建筑业其营业额应当包括工程所用原材料、设备及其他物资和劳动力价款在内，但不包括建设方提供的设备的价款"的规定，在此合同下，甲建筑公司就此工程计算营业额时，要包括250万元的原材料金额，但不包括200万元的设备，即营业税计算金额为700万元。

纳税人以包工形式提供的装修劳务，按照其向客户实际收取的人工费、管理费和辅助材料费等收入确认计税营业额，营业额中不含客户自行采购的材料价款和设备价款。

（1）如果总承包人承包建筑工程后，将建筑工程分包给其他单位的，则总承包人以其取得的全部价款和价外费用扣除其支付给其他单位的分包款后的余额为营业额。

单位或者个人自建建筑工程后销售的，一方面其销售行为以销售不动产税目计算缴纳营业税；另一方面其所发生的自建行为视同发生建筑业劳务，以建筑业税目计算缴纳营业额。

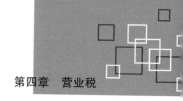

（2）自建行为是视同发生应税行为，没有营业额，则按下列顺序确定其营业额。

1）按纳税人最近时期发生同类应税行为的平均价格核定。

2）按其他纳税人最近时期发生同类应税行为的平均价格核定。

3）按下列公式核定。

营业额＝营业成本或者工程成本×
（1＋成本利润率）÷（1－营业税税率）

公式中的成本利润率由省、自治区、直辖市税务局确定。

纳税人提供应税劳务、转让无形资产或者销售不动产的价格明显偏低且无正当理由的，也按上述顺序确定营业额。

【案例4-2-2】某单位自己施工建设楼房两栋，其中一栋楼房建成后自用，一栋建成后向本单位职工销售并获得销售收入350万元。上述自建商品房的建造成本为194万元/栋，成本利润率10%。请问这些业务行为哪些需要缴纳营业税？需缴纳的营业税如何计算？

【分析】自建自用的一栋没有发生建筑物所有权的转移，就不需要征收销售不动产的营业税，当然也不存在补征建筑业营业税。

自建后销售的一栋，在对其销售收入按销售不动产税目计算缴纳营业税的同时，其自建行为需按照建筑业劳务补缴营业税。

其自建行为确认的计税金额为组成计税价格：194×（1＋10%）÷（1－3%）＝220（万元），应交的营业税为：220×3%＝6.60（万元）。

其销售行为按销售不动产税目计算缴纳营业税，应交营业税金额为：350×5%＝17.50（万元）。

【案例4-2-3】甲建筑公司以1 500万元的总承包额中标为某房地产开发公式承建一幢写字楼，之后甲建筑公司又将该写字楼工程的装饰工程以300万元分包给丙建筑公司。请计算甲建筑公司应交的营业税并进行相应的会计处理。

【分析】甲建筑公司该业务的营业额为：总承包额1 500万元扣除分包款300万元，等于1 200万元。应交的营业税为：1 200×3%＝36（万元）。

该公司计提营业税的会计分录为：

借：工程结算税金及附加　　　　　　　　　360 000
　　贷：应交税费——应交营业税　　　　　　360 000

根据2009年1月1日起实施的《营业税暂行条例》，总承包人甲建筑公司不再就工程分包具有法定的代扣代缴义务，而由丙建筑公司自行就其营业额缴纳营业税，金额为：300×3%＝9（万元）。

(二) 金融保险业

金融保险业,是指营业金融、保险的业务。其计税依据包括以下九个方面:

(1) 一般贷款业务以贷款利息收入全额为营业额,包括各种加息、罚息。

(2) 外汇、股票、债券、非货物期货等金融商品买卖业务,以卖出价减去买入价后的余额为营业额。

(3) 金融经济业和其他金融业务,以金融服务手续费等收入为营业额。

(4) 融资租赁业务,以向承租者收取的全部价款和价外费用,减去租方承担的出租货物的实际成本后的余额为营业额。

(5) 保险企业的初保业务,以保险机构经营保险业务所取得的保费收入为营业额。

(6) 保险企业办理分保业务,以全部保费收入减去分保保费后的余额为营业额。

(7) 保险公司办理储金业务,营业额为储金的利息(即以纳税人在纳税期内的储金平均余额乘以人民银行公布的一年期存款利率折算的月利率计算)。

(8) 保险企业开展无赔偿奖励业务,营业额为向投保人实际收取的保费。

(9) 保险追偿款不需要缴纳营业税。

【案例4-2-4】某市工商银行××支行2013年第三季度贷款规模为人民币6亿元,取得利息收入280万元,逾期贷款罚息收入2万元;该支行第三季度应纳营业税为多少?

【分析】银行以季度为纳税申报期。

该支行2013年第三季度营业额为全部利息收入280+2=282(万元);

应纳营业税为:282×5%=14.10(万元)。

【案例4-2-5】某保险公司2009年12月发生以下业务:分保业务取得保费200万元,分出保费120万元。取得保险追偿款10万元。请计算该保险公司本月应纳营业税为多少?

【分析】分保业务以全部保费收入减去分保保费后的月为营业额,保险追偿款不需缴纳营业税,因此,该保险公司本月应纳营业税为:(200-120)×5%=4(万元)。

【案例4-2-6】某金融企业从事股票买卖业务,2009年3月购入A股票,购入价格为50万元,支付相关费用和税金1.30万元;当月又将股票卖出,售出价57万元,共支付相关费用和税金1.33万元。该金融企业当月就A股票买卖应纳营业税为多少?

【分析】金融企业进行股票买卖业务,以卖出价减去买入价后的余额为营业额。卖出价是指卖出原价,不得扣除卖出过程中支付的各种费用和税金;买入价是指购进原价,不包括购进过程中支付的各种费用和税金,因此,该企业就A股票买卖应缴纳营业税 = (570 000 - 500 000) × 5% = 3 500(元)。

(三) 文化体育业

文化体育业是指经营为文化、体育活动的业务。

应注意的是,广告的播映、以租赁方式为文化活动及体育比赛提供场所,不按本税目而是按服务业税目征税。

其计税依据一般为从事文化体育业的单位或者个人所取得的营业额。

其中,单位或者个人进行演出,以全部票价收入或者包场收入减去付给提供演出场所的单位、演出公司或者经纪人的费用后的余额为营业额。

【案例4-2-7】某歌舞团在甲剧院进行演出,由甲剧院代售门票,门票收入65万元。根据协议,歌舞团支付甲剧院场租费5万元,并为此次演出支付给经纪公司经纪费10万元,则该歌舞团本月应缴多少营业税?

【分析】该歌舞团营业额计算为:全部门票收入65万元,减去付给经纪公司的费用10万元,再减去付给提供演出场所的甲剧院场租费5万元,等于50万元。该舞团本月应缴营业税为:(650 000 - 100 000 - 50 000) × 3% = 15 000(万元)。

【案例4-2-8】导入案例中,南海红光大酒店2013年3月出租保龄球馆举办保龄球比赛取得收入3万元,此收入是否应在文化体育业税目下缴纳营业税?

【分析】以租赁方式为体育比赛提供场所,不按文化体育业税目征税,而应按服务业中的租赁业税目缴纳营业税。

(四) 娱乐业

娱乐业,是指为娱乐活动提供场所和服务的业务。

娱乐业的计税依据是营业额,即向顾客收取的各项费用,包括门票收费、台位费、点歌费、烟酒和饮料、茶水、鲜花、小吃等收费及经营娱乐业的其他各项收费。

【案例4-2-9】导入案例中，南海红光大酒店下设卡拉OK歌舞厅和保龄球馆，2013年3月卡拉OK厅取得包间费收入50万元，烟酒饮料费用收入30万元；保龄球馆取得自行营业收入12万元。请根据卡拉OK厅和保龄球馆取得的收入计算应缴的营业税并进行相应的会计处理。（假设广东省规定卡拉OK厅适用的营业税税率为20%，保龄球馆适用的营业税税率为5%）

【分析】此两项收入适用娱乐业税目。因为卡拉OK厅和保龄球馆适用的税率不同，应分别计算其营业额。卡拉OK厅营业额为50 + 30 = 80（万元），保龄球馆的营业额为12万元。

南海红光大酒店2013年3月就此两项收入应缴营业税为：800 000 × 20% + 120 000 × 5% = 166 000（元）。

（五）服务业

服务业是指利用设备、工具、场所、信息或技能为社会提供服务的行业。

服务业的计税依据为纳税人经营各项服务所取得的营业额。服务业包括的行业较多，各行业所规定的计税营业额也有所不同。

（1）代理业、旅店业、饮食业、仓储业、租赁业一般以向客户收取的全部价款和价外费用为计税营业额。

（2）旅游业以其取得的全部价款和价外费用，扣除替旅游者支付给其他单位或者个人的住宿费、餐费、交通费、旅游景点门票和支付给其他接团旅游企业的旅游费后的余额为计税营业额。

（3）广告业以取得的广告业务收入全额为计税营业额；广告代理业以代理者向委托方收取的全部价款和价外费用，减去付给广告发布者的广告发布费后的余额为计税营业额。

【案例4-2-10】某旅行社2010年3月收到组团旅游费40 000元，旅游过程中为旅客支付了交通费10 000元、住宿费5 000元、餐费4 000元、旅游景点门票2 000元，均取得合法凭证。该企业本月应缴的营业税应如何计算？

【分析】旅游业以收取的旅游费减去替旅游者支付给其他单位的住宿费、餐费、交通费、门票和其他费用后的余额为计税营业额，因此该企业本月应缴营业税为：（40 000 - 10 000 - 5 000 - 4 000 - 2 000）× 5% = 950（元）。

【案例 4-2-11】某广告经营公司 2012 年 3 月取得广告业务收入 40 万元,支付给厂家广告牌制作费 18 万元。广告代理收入 20 万元,支付给电视台广告发布费 15 万元。该公司当月应纳营业税为多少?

【分析】广告业以取得的收入全额为计税营业额,该公司广告业务以 40 万元为计税营业额,缴纳营业税,制作广告牌的费用不能扣除。广告代理业以向委托方收取的全部价款和价外费用,减去付给广告发布者的广告发布费后的余额为计税营业额。因此,该公司代理广告业务营业额为 20 - 15 = 5(万元),因此该企业本月应缴营业税为:400 000 × 5% + (200 000 - 150 000) × 5% = 22 500(元)。

【案例 4-2-12】导入案例中,南海红光大酒店 2013 年 3 月还有如下经营收入。

(1) 客房:房租收入 180 万元。
(2) 餐厅:中餐收入 50 万元,西餐收入 20 万元。
(3) 洗衣部:洗衣收入 3 万元。
(4) 商务中心:复印传真收入 0.50 万元,购复印纸支出 0.20 万元。
(5) 出租保龄球馆举办保龄球比赛取得收入 3 万元。

该企业本月应缴的营业税应如何计算?

【分析】

(1) 该酒店客房收入属于"服务业——旅店业",其应纳营业税税额为 1 800 000 × 5% = 90 000(元)。

(2) 餐厅收入属于"服务业——餐饮业",其应纳营业税税额为 (500 000 + 200 000) × 5% = 35 000(元)。

(3) 洗衣和复印收入属于"服务业——其他服务业",其营业额为取得全部价款,购买复印纸的费用不能扣除,应纳营业税税额为 (30 000 + 5 000) × 5% = 1 750(元)。

(4) 出租保龄球馆收入属于"服务业——租赁业",其应纳营业税税额为 30 000 × 5% = 1 500(元)。

营业税合计为 90 000 + 35 000 + 1 750 + 1 500 = 128 250(元)。

计提营业税编制会计分录如下:

借:营业税金其附加　　　　　　　　　　　　　　　　128 250
　　贷:应交税费——应交营业税　　　　　　　　　　128 250

(六) 转让无形资产

转让无形资产,是指转让无形资产的所有权或者使用权的行为。应注意

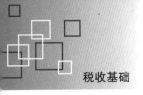

以下两点:

(1) 以无形资产投资入股,参与接受投资房的利润分配、共同承担投资风险的行为,不征收营业税。在投资后转让其股份权的,也不征收营业税。

(2) 土地租赁,不按本税目征收,属于"服务业——租赁业"的征税范围。

转让无形资产的计税依据是转让无形资产向对方收取的全部价款及价外费用。

(1) 转让土地使用权,计税营业额 = 全部收取 − 土地使用权的购置或受让原价。

(2) 转让抵债所得的土地使用权,计税营业额 = 全部收入 − 抵债时该项土地使用权的作价。

(七) 销售不动产

销售不动产,是指有偿转让不动产所有权的行为。

应注意以下两点:

(1) 单位或者个人将不动产或者土地使用权无偿赠送其他单位或者个人,属视同发生应税行为,应缴纳营业税。

(2) 以不动产投资入股,参与接受投资方利润分配、共同承担投资风险的行为,不征营业税。在投资后转让股权的,也不征营业税。

销售不动产计税依据一般为纳税人销售不动产而向购买方收取的全部价款和价外费用。

(1) 销售转让购置的不动产,计税营业额 = 全部收入 − 不动产的购置或受让原价。

(2) 销售或转让抵债所得的不动产,计税营业额 = 全部收入 − 抵债时该项不动产的作价。

(3) 视同发生应税行为,没有营业额的,其营业额的确定方式同建筑业中自建行为的营业额确定顺序。

【案例4-2-13】甲房地产开发企业2010年3月出售住宅楼一幢,取得销售收入3 000万元。该幢住宅楼由乙建筑公司承包建造,工程造价共1 500万元。请问甲、乙两家公司应缴纳营业税多少元?

【分析】甲公司应缴不动产销售的营业税,金额为 $3\,000 \times 5\% = 150$(万元),乙公司应按建筑业税目缴纳承包工程营业税,金额为 $1\,500 \times 3\% = 45$(万元)。

【案例4-2-14】 导入案例中，海南红光大酒店2013年3月出售闲置房屋两套，原价100万元出售所得收入180万元。该房已清理完毕，该公司应缴纳营业税多少元？请做会计处理。

【分析】 该公司应缴不动产销售的营业税，金额为（180－100）× 5% ＝4（万元）。

▶ 知识链接

营业税的税收优惠

一、起征点

自2013年8月1日起，为了贯彻落实国务院关于支持小型和微型企业发展的要求，税法规定的起征点如下：

（1）按期纳税的，为月营业额20 000元。

（2）按次纳税的，为每次（日）营业额300～500元。

二、税收优惠规定

根据《中华人民共和国营业税暂行条例》规定，下列项目免征营业税。

（1）托儿所、幼儿园、养老院、残疾人福利机构提供的育养服务、婚姻介绍、殡葬服务。

（2）残疾人员个人提供的劳务。

（3）医院、诊所和其他医疗机构提供的医疗服务。

（4）学校和其他教育机构提供的教育劳务，学生勤工俭学提供的劳务。

（5）农业机耕、排灌、病虫害防治、植物保护、农牧保险以及相关技术培训业务，家禽、牲畜、水生动物的配种和疾病防治。

（6）纪念馆、博物馆、文化馆、文物保护单位管理机构、美术馆、展览馆、书画院、图书馆举办文化活动的门票收入，宗教场所举办文化、宗教活动的门票收入。

（7）境内保险机构为出口货物提供的保险产品。

项目4.3 营业税的纳税申报

☆知识目标

➢ 掌握营业税纳税申报的期限规定
➢ 掌握营业税纳税申报的地点规定

◆能力目标

➢ 能熟练掌握营业税纳税申报

一、营业税纳税时间

税法规定,营业税纳税义务发生时间为纳税人提供应税劳务、转让无形资产或者销售不动产并收讫营业收入款项或者取得索取营业收入款项凭据的当日。营业税扣缴义务发生时间为纳税人营业税纳税义务发生的当日。

二、营业税纳税地点

营业税纳税地点具体规定如下:
(1)纳税人提供的应税劳务应当向其机构所在地或者居住地的主管税务机关申报纳税。但是,纳税人提供的建筑业劳务应当向应税劳务发生地的主管税务机关申报纳税。
(2)纳税人转让无形资产应当向其机构所在地或者居住地的主管税务机关申报纳税。但是,纳税人转让、出租土地使用权,应当向土地所在地的主管税务机关申报纳税。
(3)纳税人销售、出租不动产应当向不动产所在地的主管税务机关申报纳税。
(4)扣缴义务人应当向其机构所在地或者居住地的主管税务机关申报

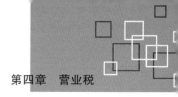

缴纳其扣缴的税款。

（5）纳税人应当向应税劳务发生地、土地或者不动产所在地的主管税务机关申报纳税，而自应当申报纳税之月超过 6 个月没有申报纳税的，由其机构所在地或者居住地的主管税务机关补征税款。

三、营业税纳税期限

营业税的纳税期限分别为 5 日、10 日、15 日、1 个月或者 1 个季度。纳税人的具体纳税期限，由主管税务机关根据纳税人应纳税额的大小分别核定；不能按照固定期限纳税的，可以按次纳税。

纳税人 1 个月或者 1 个季度为一个纳税期的，自期满之日起 15 日内申报纳税；以 5 日、10 日或者 15 日为一个纳税期的，自期满之日起 5 日内预缴税款，于此月 1 日起 15 日内申报纳税并结清上月应纳税款。

一般企业中最常见的营业税纳税期限为 1 个月。银行、财务公司、信托投资公司、信用社、外国企业常驻代表机构的纳税期限为 1 个季度。

扣缴义务人解缴税款的期限，依据营业税纳税人的有关规定执行。

练 习 题

一、单项选择题

1. 营业税的税率形式是（   ）。
   A. 单一比例税率　　　　　　B. 行业差别比例税率
   C. 地区差别比例税率　　　　D. 幅度比例税率
2. 下列经营者中，属于营业税纳税人的是（   ）。
   A. 从事汽车修配业的个人
   B. 销售货物并负责运输所销售货物的单位
   C. 从事商品批发的个体户
   D. 销售商品房的房地产公司
3. 下列应在我国缴纳营业税的项目是（   ）。
   A. 境外外国公司售给境内某公司一项制造专利权
   B. 境外外国公司为境内某企业提供修理劳务
   C. 境外公司将境外的不动产出租给中国企业的境外机构使用
   D. 境内某公司销售其位于境外的不动产

4. 下列各项中，按照"建筑业"税目征收营业税的是（　　）。
   A. 自建自用建筑物　　　　　B. 出租自建建筑物
   C. 购买房屋　　　　　　　　D. 房屋装饰劳务

5. 晨曦公告经营公司某月份取得广告业务收入 40 万元，广告代理业务收入 15 万元，收取广告赞助费 2 万元，支付给厂家广告牌制作费 10 万元，支付给电视台广告发布费 12 万元，该公司当月应纳营业税为（　　）。
   A. 1.35 万元　　　　　　　　B. 1.75 万元
   C. 1.85 万元　　　　　　　　D. 2.25 万元

6. 下列混合销售行为中，不应缴纳营业税的有（　　）。
   A. 家居城销售窗帘并负责安装
   B. 电信局销售电话并提供网络服务
   C. 邮政部门销售集邮商品
   D. 歌舞厅提供娱乐服务并销售烟酒

7. 根据规定，营业税纳税人按次纳税的起征点为每次（　　）。
   A. 营业额 100 元　　　　　　B. 营业额 1 000 元
   C. 营业额 50 元　　　　　　 D. 营业额 500 元

8. 下列收入中，应免征营业税的是（　　）。
   A. 展览馆举办文化活动的门票收入
   B. 寺庙出售的纪念品收入
   C. 公园内电影院门票收入
   D. 电视台的广告收入

二、多项选择题

1. 下列关于营业税基本原理的陈述，正确的有（　　）。
   A. 营业税一般以营业收入额全额为计税依据，实行比例税率
   B. 营业税是世界各国普遍征收的一种税收
   C. 营业税征收简便，计算成本较低
   D. 营业税是一种流转税

2. 下列经营者中，属于营业纳税人的是（　　）。
   A. 转让著作权的个人　　　　B. 销售金银首饰的商店
   C. 从事货物运输的运输单位　D. 从事修理汽车的个体工商户

3. 下列项目中，不属于营业税"金融保险业"征税范围的是（　　）。
   A. 融资租赁业务　　　　　　B. 电信业务
   C. 证券经纪业　　　　　　　D. 邮汇

4. 有关营业税计税依据的确定，下列表述正确的是（　　）。
A. 广告代理业的营业额为代理者收到的全部价款和价外费用
B. 运输企业的营业额为收到的运费，包含装卸费、建设基金
C. 单位销售自建的不动产，其营业额为售价减去成本
D. 保险业分保业务，以全部保费收入减去分保保费后的余额为营业额

三、判断题

1. 在我国境内提供各种劳务的收入，均应缴纳营业税。（　　）

2. 以无形资产入股，参与接受投资方的利润分配、共同承担投资风险的行为，不征收营业税。在投资后转让其股权的征收营业税。（　　）

3. 贾某在旅游景点经营索道取得的收入，按"交通运输业"项目征收营业税。（　　）

4. 娱乐业的税率一律由国家税务总局根据具体项目在一定幅度内确定，各个地方政府无权决定。（　　）

5. 某单位2009年2月取得用于抵债的房屋一幢，作价20万元，8月将其出售，取得转让收入30万元，则该项行为应缴纳营业税0.50万元。（　　）

四、计算题

1. 某市商业银行2010年第四季度发生以下经济业务：
（1）取得一般贷款业务利息收入600万元，支付单位、个人存款利息100万元。
（2）取得转让公司债券收入1 100万元，债券的买入价位900万元。
（3）取得金融服务手续费收入15万元。
（4）吸收居民存款500万元。
要求：
（1）分别说明银行第四季度各项经济业务是否应缴纳营业税。
（2）计算该银行第四季度应缴纳的营业税税额。已知金融业适用的营业税税率为5%。

2. 2014年1月，某音乐茶座门票收入2万元，台位费、点歌费等收入5万元，茶水、饮料、鲜花、小吃收入12万元；发生工资性支出1.80万元，水电费以及外购烟酒等支出3.60万元。

已知：当地政府规定的娱乐业适用的营业税税率为20%。

要求：计算该音乐茶座1月应缴纳的营业税税额。

3. 某温泉度假酒店是一家集餐饮、住宿和娱乐为一体的综合性餐饮企业，酒店设有餐饮部、客房部、娱乐部等经营部门，各经营部门业务实行独立核算。2008年6月酒店取得以下收入：

(1) 餐饮业收入150万元。

(2) 住宿收入86万元。

(3) 出租商业用房租金收入9万元。

(4) 卡拉OK门票收入17万元、点歌费收入6万元、台位费收入23万元、烟酒和饮料费收入71万元。

已知：服务业使用的营业税税率为5%，娱乐业使用的营业税税率为20%。

要求：

(1) 计算该酒店当月餐饮收入应缴纳的营业税税额。

(2) 计算该酒店当月住宿收入应缴纳的营业税税额。

(3) 计算该酒店当月租金收入应缴纳的营业税税额。

(4) 计算该酒店当月娱乐收入应缴纳的营业税税额。

第五章 关 税

> 导入案例

(1) 某彩电公司从国外进口电器5 000台,其单位完税价格为8 000元,关税税率为20%,则该批电器应纳税额为多少?

(2) 北京某进出口公司从法国进口货物,关税完税价格为1 500万元,该货物适用关税率为20%,增值税税率为17%,消费税税率为10%。计算该公司应纳关税、消费税和增值税税额。

项目5.1 关税基础知识

☆知识目标

> 关税的基本构成要素
> 关税的正确计算及申报

◆能力目标

> 能够掌握关税计算

一、关税概述

关税指一国海关根据该国法律规定,对通过其关境的进出口货物课征的一种税收。关税在各国一般属于国家最高行政单位指定税率的高级税种,对于对外贸易发达的国家而言,关税往往是国家税收乃至国家财政的主要收入。

1985年3月7日，国务院发布《中华人民共和国进出口关税条例》。1987年1月22日，第六届全国人民代表大会常务委员会第十九次会议通过《中华人民共和国海关法》，其中第五章为《关税》。作为具体实施办法，《中华人民共和国海关进出口货物征税管理办法》已于2004年12月15日审议通过，自2005年3月1日起施行。

关税的征税基础是关税完税价格。进口货物以海关审定的成交价值为基础的到岸价格为关税完税价格；出口货物以该货物销售与境外的离岸价格减去出口税后，经过海关审查确定的价格为完税价格。

依照收税的方式，关税一般分为三种：进口关税、出口关税、特别关税。进口关税是指对进口货物和物品征收的税；出口税是对出口的货物、物品征收的税，其主要目的是保护本国的自然资源或限制调控某些商品的出口；过境税是对过境货物所征收的关税。我国目前的关税分为进口税和出口税两类。

二、关税的内容

（一）征收对象及纳税人

关税的征税对象是准许进出境的货物和物品。货物指贸易性商品；物品指入境旅客随身携带的行李物品、个人邮递物品、各种运输工具上的服务人员携带进口的自用物品、馈赠物品以及其他方式进境的个人物品。

进口货物的收货人、出口货物的发货人、进出境物品的所有人，是关税的纳税义务人。

（二）关税税目、税率

1. 税目

关税的税目、税率都由《海关进出口税则》规定。中国现行的《海关进出口税则》的依据是国际海关合作理事会的《商品名称及编码协调制度》，包括主要三个部分：归类总规则、进口税率表和出口税率表，其中，归类总规则是进出口货物分类的具有法律效力的原则和方法。

税则规定全部应税商品为二十一大类。这二十一大类商品如下：

第一类，活动物、动物产品。

第二类，植物产品。

第三类，动植物油、脂及其分解产品，精制的食用油脂，动植物蜡。

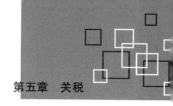

第四类，食品、饮料、酒及醋，烟草及烟草代用品的制品。

第五类，矿产品。

第六类，化学工业及相关的工业产品。

第七类，塑料及其制品，橡胶及其制品。

第八类，生皮、皮革、毛皮及其制品，鞍具及挽具，旅行用品、手提包及类似容器，动物绒线（蚕胶丝除外）制品。

第九类，木及木制品，木炭，软木及软木制品，稻草、秸秆、针茅或其他编织材料制品，篮筐及柳条编织品。

第十类，木浆及其他纤维素浆，纸及纸板的废碎品，纸、纸板及其制品。

第十一类，纺织原料及纺织制品。

第十二类，鞋、帽、伞、杖、鞭及其零件，已加工的羽毛及其制品，人造花，人发制品。

第十三类，石料、石膏，水泥、石棉、云母及类似材料的制品，陶瓷产品，玻璃及其制品。

第十四类，天然或养殖珍珠、宝石或者半宝石、贵金属、包贵金属及其制品，仿真首饰，硬币。

第十五类，贱金属及其制品。

第十六类，机器、机械器具、电气设备及其零件，录音机及放声机、电视图像、声音的录制和重放设备及其零件、附件。

第十七类，车辆、航空器、船舶及有关运输设备。

第十八类，光学、照相、电影、计量、检验、医疗或外科仪器及设备、精密仪器设备，钟表、乐器，及上述物品的零件、附件。

第十九类，武器、弹药及其零件、附件。

第二十类，杂项制品。

第二十一类，艺术品、收藏及古物。

凡是国家允许进出口的货物、物品，属于《进出口税则》规定应税的，均属于关税的征税范围，即对进口货物大部分都征税；出口货物中仅对生丝、鳗鱼苗等少部分货物征税；行李物品、邮递物品和其他物品，只对入境的应税部分征税。

2. 税率

关税的税率分为进口税率和出口税率两个部分。

（1）进口关税税率。进口关税设置最惠国税率、协定税率、特惠税率、普通税率、关税配额税率等多种税率。对于进口货物在一定期限以内可以实行暂定税率：①原产于共同使用最惠国待遇条款的世界贸易组织成员的进口货物,原产于与中国签订含有相互给予最惠国待遇条款的双边贸易协定的国家和地区的进口货物,原产于中国境内的进口货物,适用最惠国税率。②原产于与中国签订含有关税优惠条款的区域性贸易协定的国家和地区的进口货物,适用协定税率。③原产于与中国签订含有特殊关税优惠条款的贸易协定的国家和地区的进口货物,适用特惠税率。如果某种进口货物同时适用于特惠税率、协定税率、最惠国税率中一种以上的税率形式,税率从低执行。④原产于上述国家和地区以外的国家和地区的进口货物,以及原产地不明的进口货物,适用普通税率。⑤适用最惠国税率的进口货物时暂定税率的,应当使用暂定税率;适用协定税率、特惠税率的进口货物有暂定税率的,应当从低适用税率;适用普通税率的进口货物,不适用暂定税率。在执行国家有关进口关税减征政策的时候,应当先在最惠国税率的基础上计算有关税目的减征税率,然后根据进口货物的原产地和各种税率形式的适用范围,将这一税率与同一税目的特惠税率、协定税率、暂定税率比较,税率从低执行。⑥按照国家规定实行关税配额管理的进口货物,在关税配额以内的,适用关税配额税率;在关税配额以外的,其税率的适用按照上述最惠国税率、协定税率、特惠税率、普通税率和暂定税率的规定执行。

(2)出口关税设置出口税率。对于出口货物在一定期限以内也可以实行暂定税率。适用出口税率的出口货物有暂定税率的,应当适用暂定税率。

(二)关税税率的设置

(1)进口关税设置最惠国税率、协定税率、特惠税率、普通税率、关税配额税率等。对进口货物在一定期限可以实行暂定税率。

(2)出口关税设置出口税率。对出口货物在一定期限内可以实行暂定税率。

(三)关税税率的分类适用

1. 最惠国税率

最惠国税率适用于原产于与我国共同适用最惠国待遇条款的WTO成员方或地区的进口货物,或原产于与我国签订有相互给予最惠国待遇条款的双边贸易协定的国家或地区进口的货物,以及原产于我国境内的进口货物。

2. 协定税率

协定税率适用于原产于我国参加的含有关税优惠条款的区域性贸易协定有关缔约方的进口货物,目前,对原产于韩国、斯里兰卡和孟加拉国3个曼谷协定成员的739个税目进口商品实行协定税率(即曼谷协定税率)。

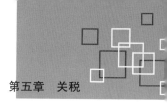

3. 特惠税率

特惠税率适用于原产于与我国签订有特殊优惠关税协定的国家或地区的进口货物，目前，对原产于孟加拉国的 18 个税目进口商品实行特惠税率（即曼谷协定特惠税率）。

4. 普通税率

普通税率适用于原产于上述国家或地区以外的其他国家或地区的进口货物。按照普通税率征税的进口货物，经国务院关税税则委员会特别批准，可以适用最惠国税率。

5. 暂定税率与关税配额税率

根据经济发展需要，国家对部分进口原材料、零部件、农药原药和中间体、乐器及生产设备实行暂定税率。暂定税率优先适用于优惠税率或最惠国税率，按普通税率征税的进口货物不适用暂定税率。同时，对部分进口农产品和化肥产品实行关税配额，即一定数量内的上述进口商品适用税率较低的配额内税率，超出该数量的进口商品适用税率较高的配额外税率。

项目 5.2 关税的计算和会计处理

☆知识目标

➤ 掌握关税的征收对象、纳税人、税目、税率、计税依据和计算方法

◆能力目标

➤ 能正确计算关税的计算

一、关税价格

1. 进口货物的完税价格

进口货物以海关审定的成交价格为基础的到岸价格作为完税价格。到岸

价格包括货价,加上货物运抵我国关境内输入地点起卸前的包装费、运费、保险费和其他劳务费等费用。进口货物的到岸价格经海关审查未能确定的,海关应当依次以下列价格为基础估定完税价格:从该项进口货物同一出口国或者地区购进的相同或者类似货物的成交价格;该项进口货物的相同或者类似货物在国内市场上的成交价格;该项进口货物的相同或者类似货物在国内市场上的批发价格减去进口关税、进口环节其他税收以及进口后的运输、储存、营业费用及利润后的价格;海关用其他合理方法估定的价格。进口货物的完税价格,还应包括为了在境内制造、使用、出版或者发行的目的而向境外支付的与该进口货物有关的专利、商标、著作权以及专有技术、计算机软件和资料等费用。

2. 出口货物的完税价格

出口货物以海关审定的货物销售与境外的离岸价格扣除出口关税后作为完税价格。离岸价格不能确定时,完税价格由海关估定。

3. 入境旅客行李物品及个人邮递物品的完税价格

由海关按照物品的到岸价格核定,如果到岸价格无法查明,应由海关参照国内市场价格审定。

4. 计算公式

$$应纳税额 = 进出口货物完税价格 \times 适用税率$$

【案例5-2-1】某彩电公司从国外进口电器一批,共5 000台,其单位完税价格为8 000元,关税税率为20%,该批电器应纳税额如下:

$$5\ 000 \times 8\ 000 \times 20\% = 800(万元)$$

【案例5-2-2】北京某进出口公司从法国进口货物,关税完税价格为1 500万元,该货物适用关税率为20%,增值税税率为17%,消费税税率为10%。计算该公司应纳关税、消费税和增值税税额。

应纳关税税额 = 1 500 × 20% = 300(万元)

应纳消费税税额 = (1 500 + 300) ÷ (1 - 10%) × 10% = 200(万元)

应纳增值税税额 = (1 500 + 300 + 200) × 17% = 340(万元)

二、关税的会计处理

为了全面反映企业关税的缴纳、结余情况及进出口关税的计算,应在"应交税费"科目下分别设置"应交进口关税""应交出口关税"明细科目。

"应交税费——应交进口关税"的贷方发生额反映计算出应缴的进口关

税，借方发生额反映实际上缴的进口关税，贷方余额表示欠缴的进口关税，借方余额表示多缴的进口关税。

"应交税费——应交出口关税"的贷方发生额反映出应缴的出口关税，借方发生额反映实际上缴的出口关税，贷方余额表示欠缴的出口关税，借方余额表示多缴的出口关税。

当企业计算出应缴的进口关税时，借记有关科目，贷记"应交税费——应交进出口关税"，实际缴纳时，借记"应交税费——应交进口关税"，贷记"银行存款"等科目。当企业计算出应缴的出口关税时，借记有关科目，贷记"应交税费——应交出口关税"，实际缴纳时，借记"应交税费——应交出口关税"科目，贷记"银行存款"等。

项目5.3 关税的征收管理

☆知识目标

➢ 掌握关税的减税、免税以及纳税的基本事项

◆能力目标

➢ 能正确处理消费税的纳税申报

一、税收优惠

1. 法定减免

凡进出口关税条例和进出口税则统一规定的减税免税，称为法定减免。包括对小额商品的减免、对非贸易商品的减免、对实际没有进出境商品的减免、因受我国缔结或参加的国际条约或双边协定限制对有关商品的减免等几大类。

2. 临时减免

纳税人因特殊原因纳税有困难，经海关总署批准的有一定期限的减税免税为临时减免。

3. 免税

(1) 关税税额在人民币10元以下的。

(2) 无商业价值的广告品及货样。

(3) 国际组织、外国政府无偿赠送的物资。

(4) 进出境运输工具装载的途中必需的燃料、物料和饮食用品。

(5) 因故退还的中国出口货物，可以免征出口关税，但已征收的出口关税不予退还。

(6) 因故退还的境外进口货物，可以免征进口关税，但已征收的进口关税不予退还。

二、纳税发生时间、纳税期限、纳税地点

进出口关税的纳税义务发生时间为海关填发税款缴纳证的次日。纳税期限为15日（双休日和法定节假日除外），逾期不交的除依法追缴外，由海关自到期之日至缴清税款之日止，按日征收欠款税额万分之五的滞纳金。关税由纳税义务人向货物进出境海关申报，向海关指定的银行缴纳。

练 习 题

一、单项选择题

1. 应征关税的物品包括（　　）。

A. 入境旅客随身随带的行李和物品

B. 个人邮递物品

C. 各种运输工具上的服务人员携带入境的自用物品

D. 出境旅游随身携带的行李和物品

2. 进口货物的到岸价格应包括货物抵运中国关境内输入地起卸前的（　　）和其他劳务费等费用。

A. 包装费

B. 运输费

C. 保险费

D. 向境外采购代理人支付的买方佣金

3. 属于关税法定纳税义务人的有（　　）。

A. 进口货物收货人　　　　　　B. 进口货物代理人

C. 出口货物发货人　　　　　D. 出口货物代理人

4. 进口应税消费品，按照组成计税价格和规定的税率计算应纳消费税税额，其组成计税价格的公式是（　　）。

A. 组成计税价格＝关税完税价格＋关税＋消费税
B. 组成计税价格＝关税完税价格＋关税＋增值税
C. 组成计税价格＝（关税完税价格＋关税）÷（1－消费税税率）
D. 组成计税价格＝（关税完税价格＋关税）÷（1＋消费税税率）

二、计算题

1. 某出口公司2013年12月从法国进口一批摩托车，共200辆，每辆价款6 000元（不包括公司另向卖方支付的佣金每辆500元），该批摩托车运往中国关境内输入地起卸前的包装、运输、保险和其他劳务费用共计1 500元。要求计算该公司应缴纳的关税税额。（摩托车的进口关税税率为30%）

2. 某贸易公司2013年4月进口货物一批，该批货物在国外的买价为400万元，另该批货物运抵中国海关前发生的包装费、运费、保险费等共计50万元。货物报送后公司按规定缴纳了进口环节的税金，并取得海关开具的完税凭证。假定该批货物在国内全部销售，取得不含税销售额900万元。计算该批货物进口环节、国内销售环节分别应缴纳的关税和增值税税额。（该批货物进口关税税额为15%）

第六章　个人所得税

> 导入案例

深圳易民药业有限公司财务经理李某，2013年取得的收入情况如下：

(1) 月工资收入5 000元，当月奖金1 000元，季度奖金2 400元；取得年终奖金12 000元，所在单位已代扣代缴个人所得税2 000元。

(2) 接受公司邀请担任财务顾问，2013年12月取得收入3 500元，从中拿出1 000元通过希望工程基金会捐出希望工程。

(3) 将其拥有的两套住房中的一套转让，转让的房屋于1994年8月以35元购入，现以50万元转让给他人。

(4) 2013年12月将一套三居室的住房出租，出租后仍然用于居住，月租金4 500元，当月支付房屋修缮费100元。

(5) 2006年购入1 000份债券，每份买入价10元，购进过程中支付的税费共计150元。本月以每份12元的价格卖出其中600份，支付卖出债券的税费共计110元。

(6) 2013年9月在杂志上发表一篇文章，获得稿费2 000元。（杂志社未代扣代缴税款）

(7) 将自己开发的一套财务软件供公司使用，2013年12月收到软件使用费20 000元。

(8) 2013年10月，购买体育彩票中奖15 000元。

(9) 购买国库券，取得利息收入1 500元。

思考：李某每次取得收入时应该怎样纳税？针对以上业务，有哪些收入需要缴纳个人所得税？其2013年应缴纳的个人所得税应如何计算并申报缴税？（除个人所得税外不考虑其他税费）

第六章 个人所得税

项目6.1 个人所得税基础知识

☆知识目标

➢ 掌握个人所得税纳税义务人和扣缴义务人的概念

◆能力目标

➢ 能准确确定个人取得的收入是否属于应税收入
➢ 能准确确定个人所得税的计税依据
➢ 个人所得税是对个人（即自然人）的劳务和非劳务所得征收的一种税

一、个人所得税的纳税义务人

纳税义务人指符合税法规定的个人，包括中国公民、个体工商户、个人独资企业、合伙企业投资者，在中国有所得的外籍人员（包括无国籍人员）和香港、澳门、台湾同胞。

上述纳税人按住所和居住时间两个标准，分为居民纳税人和非居民纳税人，分别承担不同的纳税义务。见表6-1-1。

表6-1-1 居民纳税人和非居民纳税人的纳税义务

纳税人分类	判 断 标 准	纳 税 义 务
居民纳税人	①在中国境内有住所的个人 ②在中国境内无住所，但在中国境内居住满1年的个人	负无限纳税义务，就其来源于中国境内外的所得，向中国缴纳个人所得税
非居民纳税人	①在中国境内无住所且不居住的个人 ②在中国境内无住所且居住满1年的个人	负有限纳税义务，仅就其来源于中国境内的所得，向中国缴纳个人所得税

注：①"住所"即习惯性住所，与之对应者为因户籍、家庭、经济利益关系而在中国境内习惯性居住的个人。②"居住满1年"指公历1月1日至12月31日止，在中国

境内居住满365日，而不是住满任意12个月。在居住期间临时离境的，即在一个纳税年度内一次离境不超过30日或不超过90日的，不扣减日数，连续计算。③我国税法规定的住所标准和居住时间标准，是判定居民身份的两个要件，只要符合或达到其中任何一个条件，就可以被认定为居民纳税人。

【案例6-1-1】 外籍个人甲于2007年9月1日入境，2008年10月1日离境，请问甲是不是居民纳税人？

【分析】 对于中国境内无住所的个人，必须要在中国居住满一个纳税年度（指1月1日至12月31日）才能被认定为居民纳税人。甲于2007年9月1日入境，截至2007年12月31日不满一个纳税年度；2008年10月1日离境，2008年也不满一个纳税年度，因此，甲不是中国的居民纳税人。

二、个人所得税的征税范围

（一）工资、薪金所得

工资、薪金所得，是指因任职或者受雇而取得的工资、薪金、奖金、年终加薪、劳动分红、津贴、补贴以及与任职或者受雇有关的其他所得。

根据我国目前个人收入的构成情况，规定对于一些收入不属于工资、薪金性质的补贴、津贴不予征税。这些项目包括：①独生子女补贴；②执行公务员工资制度未纳入基本工资总额的补贴、津贴差额和家属成员的副食品补贴；③托儿补助费；④差旅费津贴、误餐补助。

【案例6-1-1】 导入案例中，李某取得的工资收入5 000元、当月奖金1 000元、季度奖金2 000元、年终奖金12 000元都属于工资、薪金所得。

（二）个体工商户生产、经营所得

个体工商户的生产、经营所得包括如下各项：

（1）个体工商户从事工业、手工业、建筑业、商业、饮食业、服务业及其他行业取得的所得。

（2）个人经政府有关部门批准，取得执照，从事办学、医疗、咨询以及其他有偿服务活动取得的所得。

（3）个体工商户和个人取得的与生产、经营有关的各项所得。

（4）出租车属于个人所有，但挂靠出租汽车经营单位或企事业单位，驾驶员向挂靠单位缴纳管理费的，或出租汽车经营单位将出租车所得权转移给驾驶员的，出租车驾驶员从事货运营运取得的收入，比照个体工商户的生产、经营所得项目征税。

"个人独资企业"与"个人合伙企业"比照个体工商户的生产、经营所得项目征税。

(三) 企事业单位承包、承租经营所得

个人对企事业单位承包、承包经营后,工商登记改变为个体工商户的,按"个体工商户的生产、经营所得"项目征收个人所得税,不再征收企业所得税。

个人对企事业单位承包、承租经营后,工商登记仍为企业的,不论其分配方式如何,都应先缴纳企业所得税,然后承包人缴纳个人所得税。

(四) 劳务报酬所得

劳务报酬所得,是指个人独立从事非雇佣的各种劳务所取得的所得。包括个人从事设计、装潢、安装、制图、化验、测试、医疗、法律、会计、咨询、讲学、新闻、广播、翻译、审稿、书画、雕刻、影视、录音、录像、演出、表演、广告、展览、技术服务、介绍服务、经纪服务、代办服务及其他劳务取得的所得。

【案例6-1-2】导入案例中,李某担任财务顾问,当月取得收入3 500元属于劳务报酬所得。

(五) 稿酬所得

稿酬所得,是指个人因其作品以图书、报刊形式出版、发表而取得的所得,如文学作品、书画作品、摄影作品以及其他作品。

任职、受雇于报纸、杂志等单位的记者、编辑等专业人员,因在本单位的报纸、杂志上发表作品取得的所得,属于因任职、受雇而取得的所得,应与其当月工资收入合并,按"工资、薪金所得"项目征收个人所得税。

出版社的专业作者撰写、编写或翻译的作品,由本社以图书形式出版而取得的稿费收入,应按"稿酬所得"项目征收个人所得税。

【案例6-1-3】导入案例中,李某在杂志社上发表一篇文章,获得稿费2 000元即稿酬所得。

(六) 特许权使用费所得

特许权使用费所得,是指个人提供专利权、商标权、著作权、非专利权技术以及其他特许权的使用权取得的所得。

对于作者将自己的文字作品手稿原件或复印件公开拍卖(竞价)取得

的所得，属于提供著作权的使用所得，故应该按特许权使用费所得项目征收个人所得税。

个人取得特许权的经济赔偿收入，应该按特许权使用费所得项目征收个人所得税。

编辑从电视剧的制作单位取得的剧本使用费，统一按特许权使用费所得项目征收个人所得税。

【案例6-1-4】导入案例中，李某将自己开发的一套财务软件供公司使用而收到软件使用费20 000元就属于特许权使用费所得。

（七）利息、股利、红利所得

利息、股利、红利所得，是指个人拥有债权、股权而取得的利息、股息、红利所得。

（八）财产租赁所得

财产租赁所得，是指个人出租建筑物、土地使用权、机器设备、车船以及其他财产取得的所得。

【案例6-1-5】导入案例中，李某将一套三居室的住房出租，月租金4 500元属于财产租赁所得。

（九）财产转让所得

财产转让所得，是指个人转让有价证券、股票、建筑物、土地使用权、机器设备、车船以及其他财产取得的所得。

其中，股票转让所得和对个人转让自用5年以上并且是家庭唯一生活用房取得的所得，不征收个人所得税。

【案例6-1-6】导入案例中，李某转让住房和出售债券取得的所得，均属于财产转让所得。

（十）偶然所得

偶然所得，是指个人得奖、中奖、中彩以及其他偶然性质的所得。

【案例6-1-7】导入案例中，李某购买彩票中奖所得就属于偶然所得。

（十一）其他所得

其他所得，是指除上述列举的各项个人应税所得外，其他确有必要征税的个人所得。

项目6.2 个人所得税应纳税额的计算

☆知识目标
➢ 掌握个人所得税不同税目应纳税额的计算方法
➢ 掌握个人所得税的会计处理方法
➢ 了解个人所得税的税收优惠

◆能力目标
➢ 能准确计算个人所得税应纳税额并进行会计处理

由于个人所得税的税目不同，并且取得项所得所需费用也不同，因此，计算个人所得税应纳税所得额，需按不同应税项目分项计算。以项应税收入额减去税法规定的该项费用减除标准后的余额，作为应纳税所得额。

一、工资、薪金所得应纳税额的计算

（一）月工资、薪金所得应纳税额

1. 适用税率

根据2011年6月30日第十一届全国人民代表大会常务委员会第二十一次会议《关于修改中华人民共和国个人所得税法》的规定第六次修正工资、薪金所得，适用七级超额累进税率。见表6-2-1。

表6-2-1 工资、薪金所得七级超额累进税率

级　　数	全月应纳税所得额	税率（%）	速算扣除数
1	不超过1 500元的部分	3	0
2	超过1 500～4 500元的部分	10	105
3	超过4 500～9 000元的部分	20	555

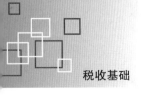

(续上表)

级 数	全月应纳税所得额	税率（%）	速算扣除数
4	超过 9 000～35 000 元的部分	25	1 005
5	超过 35 000～55 000 元的部分	30	2 755
6	超过 55 000～80 000 元的部分	35	5 505
7	超过 80 000 元的部分	45	13 505

2. 费用扣除标准

2011 年 9 月 1 日起实施《中华人民共和国个人所得税法》，规定工资、薪金所得减除费用标准为 3 500 元/月。

2008 年 3 月 1 日起实施的《中华人民共和国个人所得税法实施条例》对下列纳税人每月工资、薪金所得减除 4 800 元。具体包括以下四个方面：

（1）在中国境内的外商投资企业和外国企业中工作取得工资、薪金所得的外籍人员。

（2）应聘在中国境内的企业、事业单位、社会团体、国家机关中工作取得工资、薪金所得的外籍专家。

（3）在中国境内有住所而在中国境外任职或者受雇取得工资、薪金所得的个人。

（4）财政部确定的取得工资、薪金所得的其他人员。

3. 计算方法

月工资、薪金所得应纳税额的计算公式如下：

应纳税额 = 应纳税所得额某使用税率 − 速算扣除数

= （每月收入 − 3 500）× 适用税率 − 速算扣除数

【案例 6-2-1】中国公民王燕 2011 年 10 月工资 5 000 元，请计算王燕当月应缴纳的个人所得税。

【分析】王燕是中国公民，取得工资适用 3 500 元的费用扣除标准。

每月工资应纳税所得额 = 5 000 − 3 500 = 1 500（元）。

查七级超额累进税率表，应纳税所得额 1 500 元，适用第一级税率 3%，则当月应纳个人所得税额为：1 500 × 3% = 45（元）。

（二）个人取得全年一次性奖金的应纳税额

全年一次性奖金，是指行政机关、企事业单位等扣缴义务人根据其全年经济效益和对雇员全年工作业绩的综合考核情况，向雇员发放的一次性奖金。一次性奖金也包括实行年薪制和绩效工资办法的单位根据考核情况兑现的年薪和绩效工资。

纳税义务人取得全年一次性奖金,单独作为一个月的工资、薪金所得计算纳税,有扣缴义务人发放时代扣代缴。

具体计税方法如下:

先将当月取得的全年一次性奖金除以12个月,按其商数确定适用税率和速算扣除数。如果在发放年终一次性奖金的当月,雇员当月工资、薪金所得低于税法规定的费用扣除数额,应将全年一次性奖金减除"雇员当月工资、薪金所得与费用扣除额的差额"后的余额,按上述办法确定全年一次性奖金的使用税率和速算扣除数。

(1) 如果雇员当月工资、薪金所得高于(或等于)税法规定的费用扣除数的,适用公式如下:

应纳税额 = 雇员当月取得的全年一次性奖金 × 适用税率 − 速算扣除数

【案例6-2-2】中国公民王东2011年每月基本收入为5 000元,12月30日又一次性领取年终奖金5 000元,则王东12月应纳个人所得税为多少?

【分析】12月工资、薪金所得应纳个人所得税 = (5 000 − 3 500) × 3% = 45 (元)。

年终奖金应纳个人所得税:

5 000 ÷ 12 = 416.67 (元),查七级超额累进税率表得知416.67元适用的税率为3%,速算扣除数为0,而且当月工资5 000元高于税法规定的费用扣除数额3 500元,则年终奖金应纳个人所得税为:5 000 × 3% = 150 (元)。

综上,王东2011年12月应纳个人所得税为:45 + 150 = 195 (元)。

(2) 如果雇员当月工资、薪金所得低于税法规定的费用扣除数额的,适用公式为:

应纳税额 = (雇员当月取得的全年一次性奖金 − 雇员当月工资、薪金所得与费用扣除数的差额) × 适用税率 − 速算扣除数

【案例6-2-3】中国公民王东2011年每月基本收入为1 000元,12月30日又一次性领取年终奖金5 000元,则王东12月应纳个人所得税为多少?

【分析】12月工资、薪金所得1 000元小于费用扣除数3 500元,不缴纳个人所得税,年终奖金应纳个人所得税:[5 000 − (3 500 − 1 000)] ÷ 12 = 208.33 (元),查七级超额累进税率表得知208.33适用的税率为3%,速算扣除数为0,而且当月工资1 000元低于税法规定的费用扣除额3 500

元,则年终奖金应纳个人所得税 = [5 000 - (3 500 - 1 000)] ×3% = 75(元)。

综上,王东2011年12月应纳个人所得税为75元。

(2)雇员取得全年一次性奖金以外的其他各种名目奖金,如半年奖、季度奖、加班奖、现金奖、考勤奖,一律与当月工资、薪金收入合并,按税法规定纳税个人所得税。

【案例6-2-4】导入案例中,李某取得的12月奖金、季度奖金应与工资、薪金收入合并由本单位代扣代缴个人所得税如下:

12月的收入额 = 5 000 + 1 000 + 2 400 = 8 400(元),扣除3 500元的费用后为4 900元,查七级超额累进税率表,适用税率20%,速算扣除数为555,则12月应纳税额 = 4 900 × 20% - 555 = 425(元)。

1—8月工资应纳个人所得税税额 = [(5 000 - 2 000) × 15% - 125] × 8 = 32 × 8 = 2 600(元)。

9—11月工资应纳个人所得税税额 = [(5 000 - 3 500) × 3%] × 3 = 45 × 3 = 135(元)。

1—11月工资合计应纳个人所得税税额 = 2 600 + 135 = 2 735(元)。

(说明:①2013年9月前工资薪金所得费用扣除额为2 000元,适用九级超额累进税;②假设1—11月均无各类奖金。)

对于李某取得的年终奖金12 000元,个人所得税计算如下:

12 000 ÷ 12 = 1 000元,适用税率3%速算扣除数为0,应纳税额 = 12 000 × 3% = 360元;

全年合计应纳个人所得税 = 2 735 + 425 + 360 = 3 520(元)。

二、个体工商户的生产、经营所得应纳税额的计算

(一)适用税率

个体工商户的生产、经营所得,适用五级超额累进税率。见表6-2-2。

表6-2-2 个体工商户生产、经营所得五级超额累进税率

级 数	全年应纳税所得额	税率(%)	速算扣除数
1	不超过5 000元的部分	5	0
2	超过5 000~10 000元的部分	10	250

（续上表）

级　数	全年应纳税所得额	税率（%）	速算扣除数
3	超过10 000～30 000元的部分	20	1 250
4	超过30 000～50 000元的部分	30	4 250
5	超过50 000元的部分	35	6 750

（二）计算方法

对于账册健全的个体工商户，实行按年计算，分月或分季预缴，年终汇算清缴，多退少补的方法，以每一纳税年度的收入总额，减除成本、费用，以及损失后的余额作为应纳税所得额，按适用税率计算应纳税额。

其中，"收入总额"是指个体工商户从事生产、经营和与生产、经营以及与生产、经营活动有关的活动所取得的各项收入，包括商品（产品）销售收入、运营收入、劳务收入、工程价款收入、财产出租或转让收入等；"成本、费用"是指纳税义务人从事生产、经营所发生的各项直接支出和分配计入成本的间接费用，以及销售费用、管理费用、财务费用；"损失"是指纳税义务人在生产、经营过程中发生的各项营业外支出。

其应纳税额的计算公式如下：

应纳税额 = 应纳税所得额 × 适用税率 − 速算扣除数
　　　　 =（全年收入总额 − 成本、费用以及损失）× 适用税率 −
　　　　　速算扣除数

具体计算时，注意以下规定：

（1）个体工商户和从事生产、经营的个人，取得与生产、经营活动无关的其他各项应税所得，应分别按照有关规定，计算征收个人所得税。如对外投资取得的股息所得，应按"利息、股息、红利所得"税目的规定单独计征个人所得税。

（2）自2008年3月1日起，个体工商户业主的费用扣除标准统一确定为24 000元/年，即2 000元/月。个体工商户向其从业人员实际支付的合理的工资、薪金支出，允许在税前扣除。个体工商户主的工资不得在税前直接扣除。

【案例6-2-5】个体户好又来酒家2010年全年经营收入180 000元，其中生产经营成本、费用为160 000元，则其应纳的个人所得税为多少元？

【分析】应纳税所得额 = 全年收入总额 − 成本 − 费用 = 180 000 − 160 000

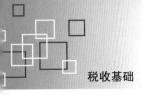

=20 000（元）。

查五级超额累进税率表，适用税率20%，速算扣除数为1 250，则

应纳税额＝应纳税所得额×适用税率－速算扣除数
　　　　＝20 000×20%－1 250＝2 750（元）

三、对企事业单位承包经营、承租经营所得应纳税额的计算

对企事业单位承包经营、承租经营所得的适用税率，分为两种情况：如果对经营成果拥有使用权，则适用五级超额累进税率（表6－2－2）；如果对经营成果不拥有所有权，适用七级超额累进税率（表6－2－1）。

计算方法。以每一纳税年度的收入总额，减除成本、费用，以及损失后的余额作为应纳税所得额，按适用税率计算应纳税额。

"收入总额"是指纳税义务人按照承包经营、承租经营合同规定分得的经营利润和工资、薪金性质的所得。"减除必要费用"是指按月减除2 000元。

其应纳税额的计算公式如下：

应纳税额＝应纳税所得额×适用税率－速算扣除数
　　　　＝（全年收入－必要费用）×适用税率－速算扣除数

【案例6－2－6】何丽为中国公民，2012年与单位签订合同承包经营一个招待所，按合同规定，承包人每年从承包利润中上缴承包费，其余为承办人所有。2013年全年承包所得60 000元（已扣除上交的承包费），计算何丽2013年应缴纳的个人所得税。

【分析】应纳税所得额＝全年收入－必要费用＝60 000－2 000×12＝36 000（元）。

查五级超额累进税率表，应纳税所得额36 000元大于30 000元并小于50 000元，适用第四级税率30%和速算扣除数4 250，则：年应纳税个人所得税额＝应纳税所得额×适用税率－速算扣除数＝36 000×30%－4 250＝6 550（元）。

四、劳务报酬所得应纳税额的计算

（一）适用税率

劳务报酬所得适用20%的比例税率，对劳务报酬所得一次收入畸高的，可以实行加成征收。即应纳税所得额为20 000～50 000元的，税率为30%；

超过50 000元的部分，税率为40%。见表6-2-3。

表6-2-3 劳务报酬所得应纳税额的计算

级 数	每次应纳税所得额	税率（%）	速算扣除数
1	不超过20 000元的部分	20	0
2	超过20 000～50 000元的部分	30	2 000
3	超过50 000元的部分	40	7 000

（二）计算方法

劳务报酬所得实行按次征税，以每次取得的收入减除费用扣除标准后的余额为应纳税所得额。其具体的计算公式为：

（1）每次收入未超过4 000元的：

$$应纳税额 = （每次收入 - 800） \times 20\%$$

（2）每次收入超过4 000元的：

$$应纳税额 = 每次收入 \times （1 - 20\%） \times 20\%$$

（3）每次收入超过20 000元的：

$$应纳税额 = 每次收入 \times （1 - 20\%） \times 适用税率 - 速算扣除数$$

每次取得的收入按如下规定确定：只要一次性收入的，以取得该项收入为一次；属于同一事项连续取得收入的，以一个月内取得的收入为一次。

【案例6-2-7】 导入案例中，李某接受公司邀请担任财务顾问取得劳务收入3 500元，从中拿出1 000元通过希望工程基金会捐给希望工程，此捐赠属公益性捐赠，可以在应纳税所得额中扣除30%。

收入3 500元未超过4 000元，定额扣除800元，则当月捐赠扣除限额 = （3 500 - 800）× 30% = 810（元），小李实际发生的捐款支出1 000元，税前准予扣除捐赠支出810元。因此，李某取得的劳务收入应交个人所得税 = （3 500 - 800 - 810）× 20% = 378（元）。

【案例6-2-8】 演员李伟进行演出，取得出场费35 000元，请计算其应缴纳的个人所得税。

【分析】 李伟取得出场费即取得劳务报酬，35 000元超过4 000元，应减除20%的费用，则：应纳税所得额 = 每次收入 × （1 - 20%） = 35 000 × （1 - 20%） = 28 000（元）。

因为28 000元 > 20 000元，应加成征收，查"劳务报酬所得适用的速算扣除数表"，适用第二级税率30%和速算扣除数2 000元，则劳务报酬应

纳个人所得税额 = 28 000 × 30% - 2 000 = 6 400（元）。

五、稿费所得应纳税额的计算

（一）适用税率

劳务报酬所得适用 20% 的比例税率，同时税法规定按应纳税额减征 30%。

（二）计算方法

稿酬所得实行按次征税，以每次取得的收入减除费用扣除标准后的余额为应纳税所得额。其具体的计算公式为：

1. 每次收入未超过 4 000 元的

应纳税额 = 应纳税所得额 × 适用税率 ×（1 - 30%）
= （每次收入 - 800）× 20% ×（1 - 30%）

2. 每次收入超过 4 000 元的

应纳税额 = 应纳税所得额 × 适用税率 ×（1 - 30%）
= 每次收入 ×（1 - 20%）× 20% ×（1 - 30%）

稿酬所得以每次出版、发表取得的收入为一次，每次取得的收入按如下规定确定：

（1）同一作品再版取得的所得，应视作另一次稿酬所得计征个人所得税。

（2）同一作品先在报刊上连载，然后再出版；或先出版，再在报刊上连载的，应视为两次稿酬所得征税。即连载作为一次，出版作为另一次。

（3）同一作品在报刊上连载取得的收入的，以连载完成后取得的所有收入合并为一次，计征个人所得税。

（4）同一作品在出版和发表时，以预付稿酬或分次支付稿酬等形式取得的稿酬收入，应合并计算为一次。

（5）同一作品出版、发表后，因添加印数而追加稿酬的，应以以前出版、发表时取得的稿酬合并计算为一次，计征个人所得税。

（6）个人每次以图书、报刊方式出版、发表同一作品（文字作品、书画作品、摄影作品以及其他作品），不论出版单位是预付还是分笔支付稿酬，或者加印作品后再付稿酬，均应合并其稿酬所得按一次计征个人所得税。在两处或两处以上出版、发表或再版同一作品而取得稿酬所得，则可分别各处取得的所得或再版所得按分次所得计征个人所得税。

（7）作者去世后，对取得其遗作稿酬的个人，按稿酬所得征收个人所得税。

【案例 6-2-9】 导入案例中，李某在杂志社上发表一篇文章，获得稿费 2 000 元，属于稿酬所得，2 000 元未超过 4 000 元，应减除费用 800 元，则应纳税所得额 = 2 000 - 800 = 1 200（元），稿酬收入应交个人所得税 = 应纳税所得额 × 适用税率 ×（1 - 30%）= 1 200 × 20% ×（1 - 30%）= 168（元）。

【案例 6-2-10】 作家的一篇小说在一家日报上连载两个月，第一个月月末报社支付稿酬 2 000 元；第二个月月末报社支付稿酬 5 000 元。则该作家两个月所获稿酬应纳税的个人所得税为多少元？

【分析】 连载取得的稿酬应以连载完成后取得的所有收入合并为一次计征个人所得税，该作家两个月所获得稿酬合计 7 000 元（即 2 000 + 5 000），超过 4 000 元，应扣除 20% 的费用，则：应纳个人所得税额 = 应纳税所得额 × 适用税率 ×（1 - 30%）= 每次收入 ×（1 - 20%）× 20% ×（1 - 30%）= 7 000 ×（1 - 20%）× 20% ×（1 - 30%）= 784（元）。

六、特许权使用费所得应纳税额的计算

（一）适用税率

特许权使用费所得适用 20% 的比例税率。

（二）计算方法

特许权使用费所得实行按次征税，以项使用权的一次转让所取得的收入为一次，根据每次取得的收入减除费用扣除标准后的余额为应纳税所得额。其具体的计算公式如下：

1. 每次收入未超过 4 000 元的

应纳税额 = 应纳税所得额 × 适用税率 =（每次收入 - 800）× 20%

2. 每次收入超过 4 000 元的

应纳税额 = 应纳税所得额 × 适用税率 = 每次收入 ×（1 - 20%）× 20%

【案例 6-2-11】 导入案例中，李某将自己开发的一套财务软件供公司使用，收到的软件适用费 20 000 元属于特许权使用费所得。20 000 元超过 4 000 元，应扣除 20% 的费用，则：应纳个人所得税额 = 应纳税所得额 × 适用税率 = 每次收入 ×（1 - 20%）× 20% = 20 000 ×（1 - 20%）× 20% = 3 200（元）。

七、财产租赁所得应纳税额的计算

(一) 适用税率

财产租赁所得适用比例税率20%，对于个人按市场价格出租的居民住房取得的所得，自2001年1月1日起暂减按10%的税率征收个人所得税。

(二) 计算方法

财产租赁所得实行按次征税，以一个月取得的收入为一次，每次取得的收入减除规定的费用后的余额为应纳税所得额。

规定的费用具体指以下三项内容：

(1) 财产租赁过程中缴纳的税费。该项税费必须提供完税证明，才能予以扣除。

(2) 由纳税人负担的出租财产实际开支的修缮费用。该费用需提供有效凭证，且扣除额以每次800元为限，一次扣除不完的，准予在下一次继续扣除，直到扣完为止。

(3) 税法规定的费用扣除标准：每次收入不超过4 000元，减除费用800元；4 000元以上的，减除费用为收入的20%。

应纳税额具体的计算公式如下：

1) 每次收入未超过4 000元。

$$应纳税额=[每次收入-修缮费用（800元为限）-准予扣除项目-800]×20\%（或10\%）$$

2) 每次收入超过4 000元。

$$应纳税额=\{[每次收入-修缮费用（800元为限）-准予扣除项目-800]×(1-20\%)\}×20\%（或10\%）$$

应注意的是，纳税人出租住房，收取一个季度的租金，在计算应纳税的个人所得税时，应先折算为月，再扣除标准费用。

【案例6-2-12】 导入案例中，李某将住房出租，出租后仍然用于居住，收取租金属于财产租赁所得，适用10%的税率。当月租金4 500元，超过4 000元，应定率减除20%的费用，另外还支付了房屋修缮费100元，无其他税费，则应纳个人所得税额=应纳税所得额×适用税率=[（每次收入-修缮费用-准予扣除项目-800）×(1-20%)]×10% = (4 500 - 100)×(1-20%)×10% = 352（元）。

【案例6-2-13】 王东从2010年4月1日出租用于居住的住房,每月取得出租住房的租金收入为3 000元,7月发生房屋的维修费1 600元,不考虑其他税费,请计算王东2010年出租房屋应纳个人所得税。

【分析】 每月租金收入3 000元,所以每月的扣除标准是定额扣800元;7月共发生维修费1 600元,而每月准予扣除的维修费以800元为限,因此,维修费的扣除要分到两个月里以扣除维修费。4月1日开始出租,则2010年出租了9个月,其中2个月除了定额扣800元外,还可以扣除维修费,另7个月仅定额扣800元。

应纳个人所得税额 = 应纳税所得额 × 适用税率 = (每次收入 − 修缮费用 − 准予扣除项目 − 800)× 10% = [(3 000 − 800(修缮费))] × 10% × 2 + (3 000 − 800)× 10% × 7 = 1 820(元)。

八、财产转让所得应纳税额的计算

(一)适用税率

财产转让所得适用20%的比例税率。

(二)计算方法

财产转让所得以转让财产的收入减除财产原值和合理费用后的余额作为应纳税所得额,计算公式如下:

$$应纳税所得额 = 每次收入 − 财产原值 − 合理费用$$

其中各项的确定标准如下:

(1)每次收入以一件财产的使用权一次转让取得的收入为一次。

(2)财产原值包括以下六个方面:

1)有价证券,为买入价以及买入时按照规定缴纳的有关费用。

2)建筑物,为建筑费或者购进价格以及其他有关费用。

3)土地使用权,为取得土地使用权所支付的金额、开发土地的费用以及其他有关费用。

4)机械设备、车船,为购入价格、运输费、安装费以及其他有关费用。

5)其他财产,参照以上方法确定。

6)纳税人未提供完整、准确的财产原值凭证,不能正确计算财产原值的,由主管税务机关核定其财产原值。

(3)合理费用是指纳税人卖出财产时按照规定支付的有关税费、住房

装修费、住房贷款利息、手续费、公证费等费用。

应纳税额的计算公式如下：

应纳税额 = 应纳税所得额 × 适用税率
　　　　 = （收入总额 - 财产原值 - 合理费用）× 20%

【案例6-2-14】 导入案例中，李某转让住房和出售债券取得的收入均属于财产所得。应纳个人所得税额计算如下：

（1）转让住房。收入总额为50万元，购入时的原值为35万元，无相关税费，则：转让住房应纳个人所得额 = （收入总额 - 财产原值 - 合理费用）× 20% = （500 000 - 350 000）× 20% = 3 000（元）。

（2）出售债券。买入价为10元/份，共购入1 000份，购进过程中支付相关税费150元，因此财产原值为10 150元（即1000 × 10 + 150）；卖出价为12元/份，共卖出600份，其原值为6 090元（即10 150 × 600 ÷ 1 000），收入总额为7 200元；出售债券的税费为110元，因此，出售债券应纳个人所得税税额 = （收入总额 - 财产原值 - 合理费用）× 20% = （7 200 - 6 090 - 110）× 20% = 200（元）。

九、利息、股息、红利所得和偶然所得应纳税额的计算

（一）适用税率

利息、股息、红利所得和偶然所得适用20%的比例税率。

对一次具体情况，有如下规定：

（1）对个人投资者从上市公司取得的股息、红利所得，自2005年6月13日起暂减按50%计入个人应纳税所得额，依照现行税法规定计征个人所得税。

（2）对证券投资基金从上市公司分配取得的股息、红利所得，扣缴义务人在代扣代缴个人所得税时，减按50%计算应纳税所得额。

（3）购买国债所得利息收入免税；从2008年10月9日起，储蓄存款利息所得暂免征收个人所得税。

（二）计算方法

利息、股息、红利所得和偶然所得按次纳税。利息、股息、红利所得以支付利息、股息、红利时取得的收入为一次；偶然所得以每次收入为一次，均不减任何费用。其应纳税额的计算公式如下：

应纳税额＝应纳税所得额×适用税率＝每次收入额×20%（或10%）

【案例6－2－15】导入案例中，李某购买国库券，取得利息收入1 500元，属于免税所得，不需缴纳个人所得税。

【案例6－2－16】导入案例中，李某购买体育彩票中奖15 000元，属于偶然所得，则应纳个人所得税税额＝应纳税所得额×适用税率＝15 000×20%＝3 000（元）。

▶知识链接

个人所得税计算中其他费用扣除规定

（1）个人公益救济金性捐赠支出的扣除。公益性捐赠即个人将其所得通过中国境内非营利的社会团体、国家机关向教育、公益事业和遭受自然灾害地址、贫困地区等捐赠。

（2）个人资助支出。个人的所得（不含偶然所得，经国务院财政部门确定征税的其他所得）用于对非关联的科研机构和高校研究新产品、新技术、新工艺发生的研究开发经费的资助，可以全额在下月（工资、薪金所得）或下次（按计证的所得）或当年（按年计证的所得）计征个人所得税时，从应纳所得额中扣除，不足抵扣的，不得结转抵扣。

【案例6－2－17】李先生在参加商场的有奖销售过程中，中奖所得共计价值20 000元。李先生领奖时告知商场，从中奖收入中拿出4 000元通过教育部门向希望小学捐赠。

请问李先生在计征个人所得税时可以从总纳税所得额中扣除多少捐赠额？

【分析】首先判断该项捐赠是不是公益性捐赠，以确定能否在计征个人所得税时从应纳税所得额中扣除。从例题中可看出，李先生是通过教育部门（国家机关）向希望小学（教育事业）捐赠，属于公益性捐赠，可以在应纳税所得额中扣除。据此进行计算。

捐赠扣除限额＝（收入－扣除项目）×30%，由于李先生的中奖收入属于偶然所得，而偶然所得是无费用扣除的，因此，扣除项目为0，则捐赠扣除限额＝（20 000－0）×30%＝6 000（元），大于实际捐赠额4 000元，捐赠额可以全部从应纳税所得额中扣除。

十、个人所得税的特殊计税方法

个人取得的各项收入，适用十一个税目分别计算个人所得税，在计算应

缴纳的个人所得税时，有些特殊情况需要加以特殊处理，例如，按中国的个人所得税法规定，居民纳税人就其得到的来源于境内和境外的收入缴纳个人所得税，但境外所得按境外法律规定也应缴纳个人所得税，为避免重复征税，我国税法规定境外所得缴纳的税款可以抵免。又如，几个人共同完成一个项目取得的共同收入，个人所得税应该按一定的原则分别计税，由不同的纳税人分别承担。

（一）境外缴纳税额抵免的计税方法

税法规定，纳税义务人从中国境外取得的所得，准予其在应纳税额中扣除已在境外缴纳的个人所得税税额。但扣除额不得超过该纳税义务人境外所得依照我国税法规定计算的应纳税额。

纳税义务人在中国境外一个国家或者地区实际已经缴纳的个人所得税税额，低于依照上述规定计算出的该国家或者地区扣除限额的，应当在中国缴纳差额部分的税款；超过该国家或者地区扣除限额的，其超过部分不得在本纳税年度的应纳税额中扣除，但是可以在以后纳税年度的该国家或者地区扣除限额的余额中补扣，补扣期限最长不得超过5年。

我国个人所得税的抵免限额采用分国分项限额抵免。①境外已纳税额＞抵免限额，则不退国外多缴税款；②境外已纳税额＜抵免限额，则在我国补缴差额部分税额。

【案例6-2-18】美国籍来华人员已在中国境内居住7年，2009年10月取得美国一家公司净支付的特许权使用费所得20 800元（折合成人民币，下同）已被扣缴所得税1 200元。同月还从加拿大取得净股息所得8 500元，已被扣缴所得税1 500元。经核查，境外完税凭证无误。计算境外所得在我国境内应补缴的个人所得税。

【分析】

（1）来自美国所得的抵免限额＝(20 800＋1 200)×(1－20%)×20%＝3 520（元）。

（2）来自加拿大所得抵免限额＝(8 500＋1500)×20%＝2 000（元）。

（3）由于该纳税人在美国和加拿大已被扣缴的所得税额均不超过各自计算的抵免限额，故来自美国和加拿大所得的允许抵免额分别为1 200元和1 500元，可金额抵扣，并需在中国补缴税款。

（4）应补缴个人所得税＝(3 520－1 200)＋(2 000－1 500)＝2 320＋500＝2 820（元）。

（二）两个人以上共同取得同一项目收入的计税方法

如果一个项目由多人共同完成并取得共同的收入，那么参与项目的个人应根据税法规定，按"先分、后扣、再税"的处理原则，对取得收入的个人计算缴纳个人所得税。

【案例6-2-19】5位教师共同编写出版了一本约50万字的教材，共取得稿酬21 000元，其中主编一个的主编费1 000元，其余稿酬5人平均分配。请计算各教师应缴纳的个人所得税。

【分析】

（1）扣除主编费后所得＝21 000－1 000＝20 000（元）。

（2）平均每人所得＝20 000÷5＝4 000（元）。

（3）主编应纳税额＝（1 000＋4 000）×（1－20%）×20%×（1－30%）＝560（元）。

（4）其余4人每人应纳税额＝（4 000－800）×20%×（1－30%）＝448（元）。

▶ 知识链接

个人所得税应纳税额计算中的特殊问题

（1）对在中国境内无住所的个人一次取得数月奖金或年终加薪、劳动分红（以下简称"奖金"，不包括应按月支付的奖金）的计算征税问题。

对上述个人取得的奖金，可单独作为一个月的工资、薪金所得计算纳税。由于对每月的工资、薪金所得计税时已按月扣除了费用，因此，对上述奖金不再减除费用，金额作为应纳税所得额直接按适用税率计算应纳税款，并且不再按居住天数进行划分计算。

（2）特定行业职工取得的工资、薪金所得的计税问题。

由于采掘业、远洋运输业、远洋捕捞业因季节、产量等因素的影响，职工的工资、薪金收入呈现较大幅度波动，对这三个特定行业的职工取得的工资、薪金所得，可按月预缴，年度终了后30日内，合计其全年工资、薪金所得，再按12个月平均，并计算实际应纳的税款，多退少补，税额计算如下：

应纳所得税额＝[（全年工资、薪金收入/12－费用扣除标准）×税率－速算扣除数]×12

（3）关于个人取得公务交通、通信补贴收入征税问题。

个人因公务用车和通信制度改革而取得的公务用车、通信补贴收入，扣除一定标准的公务费用后，按照工资、薪金所得项目计征个人所得税。按月

发放的,并入当月工资、薪金所得计征个人所得税;不按月发放的,分解到所属月份并与该月份工资、薪金所得合并后计征个人所得税。

公务费用的扣除标准,由省级地方税务局根据纳税人公务交通、通信费用的实际发生情况调查测算,报经省人民政府批准后确定,并报国家税务总局备案。

(4) 关于失业保险费(金)征税问题。

城镇企事业单位及其职工个人按照《失业保险条例》规定的比例,实际缴付的失业保险费,均不计入职工个人当期的工资、薪金收入,免予征收个人所得税;超过《失业保险条例》规定的比例缴付失业保险费的,应将其超过规定比例缴付的部分计入职工个人当期的工资薪金收入,依法计征个人所得税。

具备《失业保险条例》规定条件的失业人员,领取的失业保险金,免予征收个人所得税。

(5) 个人因与用人单位解除劳动关系而取得的一次性补偿收入征免税问题。

1) 其收入在当地上年职工平均工资3倍数额以内的部分,免征个人所得税;超过3倍数额部分的一次性补偿收入,可视为一次取得数月的工资、薪金收入,允许在一定期限内平均计算。计算方法如下:

以超过3倍数额部分的一次性补偿收入,除以个人在本企业的工作年限数(超过12年的按12年计算),以其商数作为个人的月工资、薪金收入,按照税法规定计算缴纳个人所得税。个人在解除劳动合同的又再次任职、受雇的,已纳税的一次性补偿收入不再与再次任职、受雇的工资薪金所得合并计算补缴个人所得税。

2) 个人领取一次性补偿收入时,按照国家和地方政府规定的比例实际缴纳的住房公积金、医疗保险费、基本养老保险费、失业保险费可以计征其一次性补偿收入的个人所得税时予以扣除。

3) 企业按照国家有关法律规定宣告破产,企业职工从该破产企业取得的一次性安置收入,免征个人所得税。

(6) 个人兼职和退休人员再任职取得收入个人所得税的征税方法。

个人兼职取得的收入应按照"劳动报酬"应税项目缴纳个人所得税;退休人员再任职取得的收入,在减除个人所得税法规定的费用扣除标准后,按"工资、薪金所得"应税项目缴纳个人所得税。

(7) 个人取得有奖发票奖金征免个人所得税。

1) 个人取得单张有奖发票奖金所得不超过800元(含800元),暂免征收个人所得税。

2）个人取得单张有奖发票奖金所得超过800元的。应全额按照"偶然所得"项目征收个人所得税。

十一、个人所得税的会计处理

（一）自行申报个人所得税的会计处理

对采用自行申报缴纳的个人所得税的纳税人，除实行查账征收的个体工商户外，一般不需要进行会计处理。实行查账征收的个体工商户，其应缴纳的个人所得税，在计提时，借记"留存利润"科目。贷记"应交税费——应交个人所得税"科目。实际缴纳时，借记"应交税费——应交个人所得税"科目，贷记"银行存款"科目。

（二）代扣代缴个人所得税的会计处理

1. 工资、薪金所得代扣代缴个人所得税的会计处理

企业在计提工资、薪金所得个人所得税时，借记"应付职工薪酬"科目，贷记"应交税费——应交个人所得税"科目。实际缴纳时，借记"应交税费——应交个人所得税"科目，贷记"银行存款"科目。

2. 其他所得代扣代缴个人所得税会计处理

企业代扣除工资、薪金所得以外的个人所得税时，根据个人所得项目不同，应分别借记"应付债券""应付股利""应付账款""其他应付款"等科目，贷记应交税费——应交个人所得税"科目。实际缴纳时，借记"应交税费——应交个人所得税"科目，贷记"银行存款"科目。

▶ 知识链接

个人所得税的税收优惠政策

1. 免收项目

（1）省级人民政府、国务院和中国人民解放军以上单位，以及外国组织、国际组织颁发的科学、教育、技术、文化、卫生、体育、环境保护等方面的奖金。

（2）国债和国家发行的金融债券利息。

（3）按照国家统一规定发给的补贴、津贴。这里是指按照国务院规定发给的政府特殊津贴、院士津贴、资深院士津贴和国务院规定免纳个人所得税的补贴、津贴。

（4）福利费、抚恤金、救济金。

（5）保险赔款。

（6）军人的转业安置费、复员费。

（7）按照国家统一规定发给干部、职工的安家费、退职费、退休工资、离休工资、离休生活补助费。

（8）依照我国有关法律规定应予免税的各国驻华使馆、领事馆的外交代表、领事官员和其他人员的所得。

（9）中国政府参加的国际公约、签订的协议中规定免税的所得。

（10）在中国境内无住所，但是在一个纳税年度中在中国境内连续或者累计居住不超过90日的个人，其来源于中国境内的所得，由境外雇主支付，并且不由该雇主在中国境内的机构、场所负担的部分，免予缴纳个人所得税。

（11）对外籍个人取得的探亲费免征个人所得税。可以享受免征个人所得税优惠待遇的探亲费，仅限于外籍个人在我国的受雇地与其家庭所在地之间搭乘交通工具且每年不超过两次的费用。

（12）按照国家规定，单位为个人缴付和个人缴付的住房公积金、基本医疗保险费、基本养老保险费、失业保险费，从纳税义务人的应纳税所得额中扣除。

（13）按照国家有关城镇房屋拆迁管理办法规定的标准，被拆迁人取得的拆迁补偿款免征个人所得税。

（14）经国务院财政部门批准免税的所得。

2. 减税项目

（1）残疾、孤老人员和烈属的所得。（对残疾人个人取得的劳动所得才适用减税规定）

（2）因严重自然灾害造成重大损失的。

（3）其他经国务院财政部门批准减免的。

3. 暂免征税项目

（1）外籍个人以非现金形式或实报实销形式取得的住房补贴、伙食补贴、搬迁费、洗衣费。

（2）外籍个人按合理标准取得的境内、境外出差补贴。

（3）外籍个人取得的语言训练费、子女教育费等，经当地税务机关审核批准为合理的部分。

（4）外籍个人从外商投资企业取得的股息、红利所得。

(5) 凡符合下列条件之一的外籍专家取得的工资、薪金所得,可免征个人所得税。

1) 根据世界银行专项借款协议,由世界银行直接派驻我国工作的外国专家。

2) 联合国直接派往我国工作的专家。

3) 为联合国援助项目来华工作的专家。

4) 援助国派驻我国专为该国援助项目工作的专家。

5) 根据两国政府签订的文化交流项目来华工作两年以内的文教专家,其工资、薪金所得由该国负担的。

6) 根据我国大专院校国际交流项目来华工作两年以内的文教专家,其工资、薪金所得由该国负担的。

7) 通过民间科研协定来华工作的专家,其工资、薪金所得由该国政府机构负担的。

(6) 个人举报、协查各种违法、犯罪行为而获得的奖金。

(7) 个人办理代扣代缴手续,按规定取得的扣缴手续费。

(8) 个人转让自用达5年以上并且是唯一的家庭生活用房取得的所得。

(9) 对个人购买福利彩票、赈灾彩票、体育彩票、一次中奖收入在1万元以下的(含1万元)暂免征收个人所得税;超过1万元的,全额征收个人所得税。

(10) 达到离、退休年龄,但确因工作需要,适当延长离休、退休年龄的高级专家(指享受国家发放的政府特殊津贴的专家、学者)其在延长离休、退休期间的工资、薪金所得,视同离休、退休工资免征个人所得税。

(11) 对国有企业职工,因企业依照《中华人民共和国企业破产法》宣告破产,从破产企业取得的一次性安置费收入,免予征收个人所得税。

(12) 职工与用人单位解除劳动关系取得的一次性补偿收入,在当地上年职工年平均工资3倍数额内的部分,可以免征个人所得税。

(13) 城镇企业事业单位及其职工个人按照《失业保险条例》规定的比例,实际缴付的失业保险费,均不计入职工个人当期的工资、薪金收入,免予征收个人所得税。

(14) 企业和个人按照国家或地方政府规定的比例,提取并向指定金融机构实际缴付的住房公积金、医疗保险金、基本养老保险金,免征收个人所得税。

(15) 个人领取原提存的住房公积金、医疗保险金、基本养老保险金,以及具备《失业保险条例》(国务院令第258号)规定条件的失业人员领取

的失业保险金，免予征收个人所得税。

（16）个人取得的教育储蓄存款利息所得和按照国家或省级地方政府规定的比缴付的住房公积金、医疗保险金、基本养老保险金、失业保险金存入银行个人账户取得利息所得，免予征收个人所得税。

（17）自 2008 年 10 月 9 日（含）起，暂免征收储蓄存款利息所得税。

（18）自 2009 年 5 月 25 日（含）起，以下情形的房屋产权无偿赠与，对当事双方不征收个人所得税：

1）房屋产权所有人将房屋产权无偿赠与配偶、父母、子女、祖父母、外祖父母、孙子女、外孙子女、兄弟姐妹。

2）房屋产权所有人将房屋产权无偿赠与对其承担直接扶养或者赡养义务的抚养人或者赡养人。

3）房屋产权所有人死亡，依法取得房屋产权的法定继承人、遗嘱继承人或者受遗赠人。

项目 6.3　个人所得税的纳税申报

☆知识目标

➢ 掌握个人所得税纳税申报的期限规定和地点规定

➢ 掌握个人所得税纳税申报表的填制方法

◆能力目标

➢ 能正确填写个人所得税纳税申报表

一、个人所得税纳税申报的规定

（一）纳税申报方式

个人所得税的纳税申报方式主要有两种：一是代扣代缴，二是自行纳税申报。

1. 代扣代缴

代扣代缴，是指按照税法规定负有扣缴税款义务的单位或者个人，在向个人支付应税所得时，应计算应纳税额，从其所得中扣除并缴入国库，同时向税务机关报送扣缴个人所得税报告表。

（1）扣缴义务人。扣缴义务人指凡支付个人应税所得的企业（公司）、事业单位、机关、社会组织、军队、驻华机构、个体户等单位和个人。

（2）代扣代缴的范围。扣缴义务人向个人支付下列所得，应代扣代缴个人所得税：①工资、薪金所得；②对企事业单位的承包、承租经营所得；③劳务报酬所得；④稿酬所得；⑤特许权使用费所得；⑥利息、股息、红利所得；⑦财产租赁所得；⑧财产转让所得；⑨偶然所得和其他所得。

扣缴义务人对个人支付各类应税所得（包括现金、实物和有价证券），应代扣代缴个人所得税。

（3）扣缴义务人的义务及应承担的责任。扣缴义务人对应纳税人应扣未扣的税款，由税务机关向纳税人追缴税款，对扣缴义务人处应扣未扣税款50%～300%的罚款。

（4）代扣代缴期限。扣缴义务人每月所扣的税款，应当在次月15日内缴入国库，并向主管税务机关报送扣缴个人所得税报告表、代扣代缴税款凭证和包括每一纳税人姓名、单位、职务、收入、税款等内容的支付个人收入明细表，以及税务机关要求报送的其他有关资料。

2. 自行申报纳税

自行申报纳税，是由纳税人自行在税法规定的纳税期限内，由税务机关申报取得的应税所得项目和数额，如实填写个人所得税纳税申报表，并按照税法规定计算应纳税额，据此缴纳个人所得税的一种方法。

凡依据个人所得税法负有纳税义务的纳税人，有下列情形之一的，应当按规定办理自行申报：

（1）自2006年1月1日起，年所得12万元以上的。

（2）从中国境内两处或者两处以上取得工资、薪金所的。

（3）从中国境外取得所得的。

（4）取得应纳税所得，没有扣缴义务人的。

（5）国务院规定的其他情形的。

其中，年所得12万元以上的纳税人，无论取得的各项所得是否已足额缴纳了个人所得税，均应当于纳税年度终了后向主管税务机关办理纳税申报。

（二）纳税期限

（1）工资、薪金所得，对特定行业（采掘业、远洋运输业、远洋捕捞业）的纳税人，可以实行按年计算、分月预缴的方式计征，自年度终了后30日内，合计全年所得，再按12个月平均计算实际应缴纳的税款，多退少补。

（2）个体工商户生产、经营所得，按年计算、分月预缴，由纳税义务人在次月15日内预缴，年度终了后3个月内汇算清缴，多退少补。

（3）承包经营、承租经营所得，对其中一次性取得承包经营、承租经营所得的，自取得收入之日起30日内申报纳税；对在1年内分次取得承包经营、承租经营所得的，应在每次取得所得后的15日内预缴税款，年终后3个月汇算清缴，多退少补。

（4）劳务报酬、稿酬、特许权使用费、利息、股息、红利、财产租凭及转让、偶然所得等的纳税期限，实行按次计征，在次月15日内预缴税款并报送个人所得税纳税申报表。

（5）从中国境外取得所得的纳税义务人，应当在年度终了后30日内，将应纳税款缴入国库，并向税务机关报送纳税申报表。

（6）年所得12万元以上的，在年度终了后3个月内纳税申报。

（三）纳税地点

（1）个人所得税自行申报的，其申报地点一般应为收入来源地的主管税务机关。

（2）纳税人从两处或两处以上取得工资、薪金的，可选择并固定在其中一地税务机关申报纳税。

（3）从境外取得所得的，应向其境内户籍所在地或经营居住地税务机关申报纳税。

（4）扣缴义务人应向其主管税务机关进行纳税申报。

（5）个人独资企业和合伙企业投资者应向企业实际经营管理所在地主管税务机关申报缴纳个人所得税。

二、个人所得税纳税申报表格式及填写范例

填写申报表时，先根据个人资料，然后根据个人所得税各所得项目的

情况分别填写年所得额、应纳税额、已缴（扣）税额、应补税额等栏目内容。

【案例6-3-1】 导入案例中，李静在2011年的年所得超过12万元，她应在年度终了后3个月内选择并固定在其中一处收入来源地税务机关申报纳税。李静的相关资料如下：

身份证号：4601001968××××××××

任职、受雇单位：深圳××药业有限公司

职务：财务经理　　　　　　　　　　职业：会计

境内有效联系地址：深圳市南海大道90号

境内有效联系地址邮编：580100　　联系电话：0755-66827890

实际工作中，要先计算个人的年所得是否超过12万元，以确定是否需要自行申报。如果年所得超过12万元，就要自行申报个人所得税，需要提交如下申报资料：

(1) 填写规范的个人所得税纳税申报表（适用于年所得12万元以上的纳税人申报）。

(2) 居民身份证、护照、军人身份证。回乡证等有效身份证明的复印件。

(3) 扣缴义务人开具的个人收入支付情况，扣缴税款情况证明（加盖公章）。

(4) 从其他渠道取得的收入，已经缴纳税款的，应提供相应的完税凭证或证明。

(5) 如果委托他人或中介机构代为办理纳税申报手续的，应当提供"授权委托书"（协议或合同）。凡不能提供的，不得受理其代为办理的自行申报。

签订的委托办理个人所得税自行纳税申报"授权委托书"（协议或合同）内容应包括：委托人姓名、被委托人姓名、委托事项、双方的权利和义务及相应的法律责任。委托事项应注明为年所得12万元以上的自行纳税申报，被委托人未中介机构的，应加盖中介机构印章。

委托办理纳税申报手续的，被委托人为个人的，应同时提供被委托人身份证等有效身份证明的复印件。

(6) 主管税务机关要求提供的其他资料。

练 习 题

一、单项选择题

1. 下列属于非居民纳税人的自然人有（　　）。
   A. 在中国境内无住所且不居住，但有来源于中国境内所得者
   B. 在中国境内有住所者
   C. 在中国境内无住所，但居住时间满一个纳税年度者
   D. 在中国境内无住所，且目前未居住者

2. 下列在中国境内无住所的人员中，属于中国居民纳税人的是（　　）。
   A. 2007年9月1日入境，2008年10月1日离境的外籍个人
   B. 在华学习180日的外籍个人
   C. 2008年1月1日入境，2008年12月31日离境的外籍个人
   D. 2008年1月1日入境，2008年11月20日离境的外籍个人

3. 根据税法的规定，个人所得税的纳税义务人不包括（　　）。
   A. 个体工商户　　　　　　　B. 个人独资企业投资者
   C. 有限责任公司　　　　　　D. 在中国境内有所得的外籍个人

4. 根据个人所得税法律制度的规定，下列各项中，属于工资、薪金所得项目的是（　　）。
   A. 年终加薪　　　　　　　　B. 托儿补助
   C. 独生子女补贴　　　　　　D. 差旅费津贴

5. 画家于2009年8月将其精选的书画作品交由出版社出版，从出版社取得报酬10万元。该笔报酬在缴纳个人所得税时适用的税目是（　　）。
   A. 工资薪金所得　　　　　　B. 劳动报酬所得
   C. 稿酬所得　　　　　　　　D. 特许使用费所得

6. 摄影师于2009年10月将其精选的摄影作品交由杂志社出版，该杂志社付给其报酬8万元。该报酬在缴纳个人所得税时适用的税目是（　　）。
   A. 劳动报酬所得　　　　　　B. 稿酬所得
   C. 财产转让所得　　　　　　D. 特许权使用费所得

7. 下列各项中，不应按特许权使用费所得征收个人所得税的是（　　）。
   A. 劳动报酬所得　　　　　　B. 稿酬所得
   C. 财产转让所得　　　　　　D. 特许权使用费所得

8. 根据个人所得税法律制度的规定，个人转让房屋所得应适用的税目是（　　）。

A. 财产转让所得 B. 特许权使用费所得
C. 偶然所得 D. 劳务报酬所得

9. 李经理本月取得的下列收入中,直接按20%的税率计算缴纳个人所得税的项目是( )。
A. 本公司工资收入1.50万元 B. 体育彩票中奖收入10万元
C. 承包商场经营收入30万元 D. 兼职单位工资和奖金收入2万元

10. 下列应税项目中,以一个月为一次确定应纳税所得额的有( )。
A. 劳务报酬所得 B. 特许权使用费所得
C. 财产租赁所得 D. 财产转让所得

11. 作家的一篇小说在北京晚报上连载三个月,3月取得稿酬收入3 000元,4月取得稿酬收入3 000元,5月取得稿酬收入5 000元。该作家三个月所获稿酬应缴纳个人所得税( )。
A. 1 176元 B. 1 344元 C. 1 232元 D. 1 760元

12. 中国公民黄先生2011年1—12月取得每月工薪收入4 200元,12月取得全年一次性奖金36 000元。黄先生2011年奖金应纳个人所得税( )。
A. 3 495元 B. 5 275元 C. 7 495元 D. 7 735元

13. 单位高级工程师蒋先生于2009年8月取得一项特许使用费收入3 000元,9月又取得另外一项特许权使用费收入4 500元。蒋先生这两项收入应缴纳的个人所得税为( )。
A. 1 160元 B. 1 200元 C. 1 340元 D. 1 500元

14. 王先生在参加商场的有奖销售活动中,中奖所得共计价值20 000元。王先生领奖时从中奖收入中拿出4 000元通过教育部门向希望小学捐赠。问:王先生中奖所得应缴纳个人所得税为( )。
A. 2 560元 B. 2 800元 C. 3 200元 D. 4 000元

15. 平面设计师为一公司设计了一个平面广告,取得设计收入23 000元。该设计师应缴纳的个人所得税为( )。
A. 3 520元 B. 3 680元 C. 4 600元 D. 4 900元

二、多项选择题

1. 根据个人所得税法律制度的规定,可以将个人所得税的纳税义务人区分为居民纳税人和非居民纳税义务人,依据的标准有( )。
A. 境内有无住所 B. 境内工作时间
C. 取得收入的工作的境内或境外 D. 境内居住时间

2. 下列各项中，应当按照工资、薪金所得项目征收个人所得税的有（　　）。

　　A. 劳动分红　　　　　　　　B. 独生子女补贴

　　C. 差旅费津贴　　　　　　　D. 超过规定标准的误餐费

3. 根据个人所得税法律制度的有关规定，下列各项中，属于个人所得税应税项目的是（　　）。

　　A. 劳动报酬所得　　　　　　B. 稿酬所得

　　C. 保险赔款所得　　　　　　D. 彩票中奖所得

4. 下列属于个人所得税劳务报酬所得的有（　　）。

　　A. 笔译翻译收入　　　　　　B. 审稿收入

　　C. 现场书画收入　　　　　　D. 雕刻收入

5. 下列个人所得，在计算个人所得税时，不得减除费用的有（　　）。

　　A. 工资薪金所得　　　　　　B. 利息、股息、红利所得

　　C. 特许权使用费所得　　　　D. 偶然所得

6. 下列应税项目中，按次计算征收个人所得税的是（　　）。

　　A. 股息、红利所得　　　　　B. 稿酬所得

　　C. 工资、薪金所得　　　　　D. 特许权使用费所得

7. 下列关于个人所得税中"次"的表述，正确的是（　　）。

　　A. 同一作品再版所得，应视作另一次稿酬所得计征个人所得税

　　B. 同一作品在报刊上连载取得的收入，以每次连载的收入为一体，计征个人所得税

　　C. 财产租赁所得，以一个月内取得的收入为一体

　　D. 偶然所得，以每次收入为一次

8. 下列各项中，免征或暂免征收个人所得税的有（　　）。

　　A. 离退休人员按规定领取离退休工资

　　B. 国家民政部门支付给个人的生活困难补助费

　　C. 单位为个人缴付的住房公积金

　　D. 外籍个人以现金形式取得的住房补贴和伙食补贴

9. 下列各项中，可以免征个人所得税的有（　　）。

　　A. 复员费、转业安置费　　　B. 国债利息收入

　　C. 出租房屋租金收入　　　　D. 保险赔款

10. 下列各项中，适用超额累进税率计征个人所得税的有（　　）。

　　A. 个体工商户的生产经营所得　　B. 工资、薪金所得

　　C. 对企事业单位的承包经营所得　D. 财产转让所得

11. 下列各项中，以取得的收入为应纳税所得额直接计征个人所得税的有（   ）。

　　A. 稿酬所得　　　　　　　　B. 偶然所得

　　C. 股息所得　　　　　　　　D. 特许权使用费所得

12. 根据个人所得税法法律制度的规定，下列各项在计算应纳税所得额时，按照定额与比例相结合的方法扣除费用的有（   ）。

　　A. 劳务报酬所得

　　B. 特许权使用费所得

　　C. 企事业单位的承包、承租经营所得

　　D. 财产转让所得

13. 下列项目中计征个人所得税时，允许从总收入中减除费用800元的有（   ）。

　　A. 承租、承包所得50 000元

　　B. 外企中方雇员的工资、薪金所得12 000元

　　C. 提供咨询服务一次取得收入2 000元

　　D. 出租房屋收入3 000元

三、判断题

1. 美籍华人陈先生2007年1月20日来华工作，2008年3月25日回国，2008年4月15日返回中国，2008年10月10日至2008年10月30日期间，赴欧洲洽谈业务，2008年11月1日返回中国，后于2009年3月2日离开中国返回美国。据此，陈先生2008年属于我国居民纳税人。（   ）

2. 在个人所得税征管中，对特许权使用费所得一次收入畸高的，可以实行加成征收。（   ）

3. 张承揽一项房屋装饰工程，工程两个月完工。房主第一个月支付给张35 000元，第二个月支付48 000元。张应缴纳个人所得税17 920元。（   ）

4. 个人取得稿酬收入，其应纳税所得额可减按70%计算个人所得税。（   ）

5. 李在一次有奖购物抽奖中，购买了价值3 000元电视机抽中特别奖金1 000元，李应缴纳个人所得税税额为200元。（   ）

6. 张取得一次性的劳务报酬收入2.40万元，对此应实行加成征收办法计算个人所得税。（   ）

7. 个人转让自用达2年以上并且是唯一的家庭居住用房取得的所得，暂免征收个人所得税。（ ）

四、计算题

1. 胡某为一私营企业技术总监，2011年12月收入情况如下：

每月取得工薪25 000元，休假时间为国内单位进行工程设计取得收入80 000元，为制造企业提供一项专利技术的使用权，一次取得收入的150 000元。将自己在郊区的一套别墅转让，取得转让收入50万元，该别墅购入原价35万元。（不考虑相关税费）

要求：根据以上资料，回答下列问题。
（1）胡某工薪所得应纳的个人所得税。
（2）胡某工程设计应纳的个人所得税。
（3）胡某提供专利技术应纳的个人所得税。
（4）胡某房屋转让应纳的个人所得税。

2. 大学教授容某2011年取得如下收入：
（1）每月工资收入3 800元。
（2）一次性稿费收入6 000元。
（3）为其他公司提供技术咨询，取得一次性报酬22 000元。
（4）出租用于居住的住房，租期1年，月租金收入2 000元，7月和8月各发生修缮费用700元。
（5）到期国债利息收入1 286元。
（6）在A国讲学取得收入40 000元，在B国取得特许权使用费收入

70 000元，已经分别按照收入来源国税法规定缴纳了个人所得税 7 000 元和 18 000 元。

已知：稿酬所得、劳务报酬所得和利息所得适用税率均为 20%。

要求：计算容某 2011 年应缴纳的个人所得税。

项目实训

【个人概况】

身份证号：4601041966××××××××

任职、受雇单位：红光××有限公司

职务：工程师

境内有效联系地址：海口市海府路 16 号

境内有效联系地址邮编：570203

联系电话：0898 – 65335336

【经济业务】

汪洋 2012 年取得的全部收入及税款缴纳情况如下：

（1）全年取得工薪收入 188 400 元，每月收入及扣缴税额情况见下表（单位：元）。

（2）取得公司股权分红 20 000 元，扣缴个人所得税 4 000 元。

（3）银行储蓄存款账户利息收入 1 200 元。

（4）购买国债，取得利息收入 2 000 元。

（5）购买企业债券，取得利息收入 1 500 元，没有扣缴个人所得税。

（6）出售家庭非唯一住房（原值 700 000 元），取得转让收入 860 000 元，按规定缴纳个人所得税 32 000 元。

（7）出租自有商铺给公司，每月租金 3 500 元，缴纳个人所得税 50 元，按国家规定缴纳其他税费 200 元。

（8）在上海证券交易所转让 A 股股票盈利 60 000 元。

（9）持有上市公司 A 股股票，取得股息 3 000 元，扣缴个人所得税 300 元。

（10）发明一项专利，让渡给公司使用，取得收入 40 000 元，扣缴个人所得税 6 400 元。

（11）一次购买体育彩票，中奖 9 000 元。

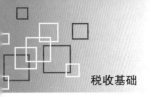

项目	基本及岗位工资	伙食补助	月奖	住房补助	过节费	应发工资	住房公积金	基本养老保险费	基本医疗保险费	失业保险费	三费一金合计	个人所得税	实发工资
1月	7 000	1 000	1 200	3 000	1 000	13 200	1 200	960	240	120	2 520	881	9 799
2月	7 000	1 000	1 200	3 000	2 000	14 200	1 200	960	240	120	2 520	1 081	10 599
3月	7 000	1 000	1 200	3 000	0	12 200	1 200	960	240	120	2 520	681	8 999
4月	7 000	1 000	1 200	3 000	0	12 200	1 200	960	240	120	2 520	681	8 999
5月	7 000	1 000	1 000	3 000	1 000	13 200	1 200	960	240	120	2 520	881	9 799
6月	7 000	1 000	1 200	3 000	0	12 200	1 200	960	240	120	2 520	681	8 999
7月	7 000	1 000	1 200	3 000	0	12 200	1 200	960	240	120	2 520	681	8 999
8月	7 000	1 000	1 200	3 000	0	12 200	1 200	960	240	120	2 520	681	8 999
9月	7 000	1 000	1 200	3 000	1 000	13 200	1 200	960	240	120	2 520	881	9 799
10月	7 000	1 000	1 200	3 000	1 000	13 200	1 200	960	240	120	2 520	881	9 799
11月	7 000	1 000	1 200	3 000	0	12 200	1 200	960	240	120	2 520	681	8 999
12月	7 000	1 000	1 200	3 000	0	12 200	1 200	960	240	120	2 520	681	8 999
年终奖金						36 000						2 900	33 100

【实训材料】

空白的个人所得税纳税申报表。

【实训要求】

（1）计算汪洋2012年度应缴纳的个人所得税。

（2）填写个人所得税纳税申报表，并按规定进行申报。

第七章 企业所得税

> 导入案例

佳豪科技公司于2015年3月底进行了2014年度企业所得税的汇算清缴工作，以下是佳豪科技公司在2014年发生的经济业务：

（1）全年取得产品销售收入7 600万元，发生产品销售成本5 200万元；发生材料销售收入500万元，材料成本400万元。

（2）缴纳营业税、城建税及教育费附加等销售税金及附加360万元，缴纳增值税185万元。

（3）取得投资子公司分红60万元。

（4）取得购买国债的利息收入30万元。

（5）发生销售费用580万元，其中，广告费200万元，业务宣传费180万元。

（6）发生管理费用800万元，其中，合理的工资薪金400万元，发生福利费62万元，职工教育经费10万元，新技术的研发费70万元，业务招待费86万元。

（7）发生财务费用240万元，其中，向工商银行借款300万元，借款利率6%，向非金融机构借款200万元，利率9%。

（8）转让专利技术及商标使用权150万元，发生地震造成资产净损失160万元、公益性捐赠20万元、税收滞纳金2万元。

（9）预缴企业所得税50万元。

税收基础

项目7.1 企业所得税基础知识

☆知识目标

➢ 掌握企业所得税纳税义务人的概念
➢ 掌握企业所得税征税范围和税率

◆能力目标

➢ 能够完成企业所得税计算

企业所得税是国家对境内企业和经营单位的生产经营所得和其他所得依法征收的一种税。

一、企业所得税的纳税义务人

企业所得税的纳税义务人是指在中华人民共和国境内的企业和其他取得收入的组织。企业分为居民企业和非居民企业,个人独资企业、合伙企业除外。

(一) 居民企业

居民企业,是指依法在中国境内成立,或者依照外国(地区)法律成立但实际管理机构在中国境内的企业。

在中国境内成立的企业,包括依照中国法律、行政法规在中国境内成立的企业、事业单位、社会团体以及其他取得收入的组织。

(二) 非居民企业

非居民企业,是指依照外国(地区)法律成立且实际管理机构不在中国境内,但在中国境内设立机构、场所的;或者在中国境内未设立机构、场所,但有来源于中国境内所得的企业。

所称机构、场所,是指在中国境内从事生产经营活动的机构、场所,包括以下五类：

（1）管理机构、营业机构、办事机构。
（2）工厂、农场、开采自然资源的场所。
（3）提供劳务的场所。
（4）从事建筑、安装、装配、修理、勘探等工程作业的场所。
（5）其他从事生产经营活动的机构、场所。

二、企业所得税的征税范围

企业所得税的征税范围是指企业的生产经营所得、其他所得和清算所得，包括销售货物所得、提供劳务所得、转让财产所得、股息红利等权益性投资所得、利息所得、租金所得、特许权使用费所得、接受捐赠所得和其他所得等。见表7-1-1。

表7-1-1　企业所得税的征税范围

纳税人	判定标准	征税范围
居民企业	（1）依照中国法律、法规在中国境内成立的企业 （2）依照外国（地区）法律成立但实际管理机构在中国境内的企业	来源于中国境内、境外的所得
非居民企业	（1）依照外国（地区）法律成立且实际管理机构不在中国境内，但在中国境内设立机构、场所的 （2）在中国境内未设立机构、场所，但有来源于中国境内所得的企业	来源于中国境内的所得

来源于中国境内、境外的所得，按照以下原则确定：
（1）销售货物所得，按照交易活动发生地确定。
（2）提供劳务所得，按照劳务发生地确定。
（3）转让财产所得、不动产转让所得按照不动产所在地确定，动产转让所得按照转让动产的企业或者机构、场所所在地确定，权益性投资资产转让所得按照被投资企业所在地确定。
（4）股息、红利等权益性投资所得，按照分配所得的企业所在地确定。

（5）利息所得、租金所得、特许权使用费所得，按照负担、支付所得的企业或者机构、场所所在地确定，或者按照负担、支付所得的个人住所地确定。

（6）其他所得，由国务院财政、税务主管部门确定。

三、企业所得税的税率

企业所得税实行比例税率，现行规定见表7-1-2。

表7-1-2 企业所得税税率

档 次	税 率	适 用 企 业	说 明
基准税率	25%	（1）居民企业 （2）非居民企业在中国境内设立机构、场所的	
优惠税率	20%	（1）符合条件的小型微利企业 （2）非居民企业在中国境内未设立机构、场所的，或者虽设立机构、场所但取得的所得与其所设机构、场所没有实际联系的	减按10%的税率征收
	15%	国家需要重点扶持的高新技术企业	

项目7.2 企业所得税应纳税额的计算

☆知识目标

➢ 掌握应纳税所得额的计算方法
➢ 掌握企业所得税的计算方法

◆能力目标

➢ 能够熟练计算企业所得税应纳税额

第七章 企业所得税

企业所得税是根据企业应纳税所得额乘以适用税率,减除依法关于税收优惠的规定减免和抵免的税额后的余额,为应纳税额。计算公式如下:

应纳税额 = 应纳税所得额 × 适用税率 - 减免和抵免税额

一、应纳税所得额的计算

应纳税所得额是指企业纳税人每一纳税年度的收入总额,减除不征税收入、免税收入、各项扣除以及允许弥补的以前年度亏损后的余额,为应纳税所得额。居民企业应纳税所得额计算公式如下:

应纳税所得额 = 会计利润 + 纳税调整增加额 - 纳税调整减少额
= 收入总额 - 不征税收入 - 免税收入 - 各项扣除 -
允许弥补的以前年度亏损

(一) 应税收入

应税收入包括收入总额、不征税收入和免税收入,其具体内容见表7-2-1。

表7-2-1 企业所得税收入明细

类别	内容
收入总额	(1) 销售货物收入,指企业销售商品、产品、原材料、包装物、低值易耗品以及其他存货取得的收入 (2) 提供劳务收入,是指企业从事建筑安装、修理修配、交通运输、仓储租赁、金融保险、邮电通信、咨询经纪、文化体育、科学研究、技术服务、教育培训、餐饮住宿、中介代理、卫生保健、社区服务、旅游、娱乐、加工以及其他劳务服务活动取得的收入 (3) 转让财产收入,是指企业转让固定资产、生物资产、无形资产、股权、债权等财产取得的收入 (4) 股息、红利等权益性投资收益,是指企业因权益性投资从被投资方取得的收入,除国务院财政、税务主管部门另有规定外,按照被投资方做出利润分配决定的日期确认收入的实现 (5) 利息收入,是指企业将资金提供他人使用但不构成权益性投资,或者因他人占用本企业资金取得的收入,包括存款利息、贷款利息、债券利息、欠款利息等收入,按照合同约定的债务人应付利息的日期确认收入的实现 (6) 租金收入,是指企业提供固定资产、包装物或者其他有形资产的使用权取得的收入,按照合同约定的承租人应付租金的日期确认收入的实现

(续上表)

类别	内容
	（7）特许权使用费收入，是指企业提供专利权、非专利技术、商标权、著作权以及其他特许权的使用权取得的收入，按照合同约定的特许权使用人应付特许权使用费的日期确认收入的实现 （8）接受捐赠收入，是指企业接受的来自其他企业、组织或者个人无偿给予的货币性资产、非货币性资产，按照实际收到捐赠资产的日期确认收入的实现 （9）其他收入，是指企业取得的除以上（1）～（8）项规定的收入外的其他收入，包括企业资产溢余收入、逾期未退包装物押金收入、确实无法偿付的应付款项、已作坏账损失处理后又收回的应收款项、债务重组收入、补贴收入、违约金收入、汇兑收益等
不征税收入	（1）财政拨款，是指各级人民政府对纳入预算管理的事业单位、社会团体等组织拨付的财政资金，但国务院和国务院财政、税务主管部门另有规定的除外 （2）依法收取并纳入财政管理的行政事业性收费、政府性基金，是指依照法律法规等有关规定，按照国务院规定程序批准，在实施社会公共管理，以及在向公民、法人或者其他组织提供特定公共服务过程中，向特定对象收取并纳入财政管理的费用和企业依照法律、行政法规等有关规定，代政府收取的具有专项用途的财政资金 （3）国务院规定的其他不征税收入
免税收入	（1）国债利息收入 （2）符合条件的居民企业之间的股息、红利等权益性投资收益 （3）在中国境内设立机构、场所的非居民企业从居民企业取得与该机构、场所有实际联系的股息、红利等权益性投资收益 （4）符合条件的非营利组织的收入

【案例7-2-1】导入案例中，佳豪科技公司取得产品销售收入7 600万元、材料销售500万元及取得投资子公司分红60万元；取得购买国债的利息收入30万元，则应税收入是多少？

【分析】该公司收入总额中，销售货物收入、权益性投资收益为应税收入，国债利息收入为免税收入。应税收入 = 7 600 + 500 + 60 = 8 160（万元）。

(二) 准予扣除项目的范围

企业所得税法规定：企业实际发生的与取得收入有关的、合理的支出，包括成本、费用、税金、损失和其他支出，准予在计算应纳税所得额时扣除。

1. 成本

成本指企业在生产经营活动中发生的销售成本、销货成本、业务支出以及其他耗费。

【案例7-2-2】导入案例中，成本指哪些项目？

【分析】产品销售成本5 200万元、材料成本400万元，即为生产经营活动中发生的销售成本、销货成本，准予税前扣除。

2. 费用

即企业的三项期间费用，是指企业在生产经营活动中发生的销售费用、管理费用和财务费用，已经计入成本的有关费用除外。在实际扣除时，以下几个方面需特别关注，其在税法中有一定的扣除比例：

（1）销售费用，需关注广告费、业务宣传费、销售佣金等费用。

（2）管理费用，需关注业务招待费、职工福利费、工会经费、职工教育经费等。

（3）财务费用，需关注利息支出及借款费用等。

【案例7-2-3】导入案例中，费用的内容有哪些？

【分析】销售费用发生的广告费200万元，业务宣传费180万元；管理费用发生的福利费62万元，职工教育经费10万元，业务招待及交际应酬费86万元；财务费用发生的向银行和非金融机构借款产生的利息费用，为限额扣除，管理费用中的新技术研发费70万元为加计扣除，均是在额度内准予税前扣除。

3. 税金

税金是指企业发生的除企业所得税和允许抵扣的增值税以外的各项税金及其附加。具体扣除时，应注意以下三个方面：

（1）"六税二费"，即已缴纳的消费税、营业税、城建税、资源税、土地增值税、出口关税及教育费附加、地方教育费。

（2）企业缴纳的房产税、城镇土地使用税、车船税、印花税等，属计入管理费用中扣除的，不应计入销售税金扣除。

（3）增值税作为价外税，不包含在收入中，也不应计入销售税金扣除。

【案例7-2-4】导入案例中，税金应如何扣除？

【分析】缴纳营业税、城建税及教育费附加等销售税金及附加360万元,可据实税前扣除,而缴纳增值税185万元则不能税前扣除。

4. 损失

损失是指企业在生产经营活动中发生的固定资产和存货的盘亏、毁损、报废损失,转让财产损失,呆账损失,坏账损失,自然灾害等不可抗力因素造成的损失以及其他损失。需注意以下两个方面:

(1) 税前允许扣除的损失为净损失,即企业发生的损失总额减除责任人赔偿和保险赔款后的余额。

(2) 企业已经作为损失处理的资产,在以后纳税年度又全部或部分收回时,应当计入当期收入。

【案例7-2-5】导入案例中,哪些事项属于损失?如何扣除?

【分析】发生地震造成资产净损失160万元可以税前全额扣除。

5. 其他支出

其他支出是指除成本、费用、税金、损失外,企业在生产经营活动中发生的与生产经营活动有关的、合理的支出。

(三) 允许扣除项目的标准

计算企业所得税应纳税所得额时,下列项目可按照实际发生额或规定的标准扣除。

1. 工资、薪金

企业发生的合理的工资、薪金支出,准予扣除。

工资、薪金,是指企业每一纳税年度支付给在本企业任职或者受雇的员工的所有现金形式或者非现金形式的劳动报酬,包括基本工资、奖金、津贴、补贴、年终加薪、加班工资,以及与员工任职或者受雇有关的其他支出。

【案例7-2-6】导入案例中,工资、薪金应扣除多少?

【分析】合理的工资薪金400万元可以税前据实全额扣除。

2. 职工福利费、工会经费、职工教育经费

在规定限额标准内按实际发生数扣除;超过规定限额标准的,按规定限额标准额扣除。具体规定限额标准如下:

(1) 企业发生的职工福利费支出,不超过工资、薪金总额14%的部分,准予扣除。

(2) 企业拨缴的工会经费,不超过工资、薪金总额2%的部分,准予扣除。

(3) 除国务院财政、税务主管部门另有规定外，企业发生的职工教育经费支出，不超过工资、薪金总额 2.5% 的部分，准予扣除；超过部分，准予在以后纳税年度结转扣除。

【案例 7-2-7】导入案例中，职工福利费、工会经费、职工教育经费应分别税前扣除多少？

【分析】发生福利费 62 万元，职工教育经费 10 万元，按企业所得税法的规定，允许扣除的福利费为：400（工资薪金）× 14% = 56（万元），职工教育经费为：400（工资薪金）× 2.5% = 10（万元）。因此，该企业职工教育经费 10 万元可税前据实全额扣除，而福利费只能税前扣除 56 万元，剩余 62 - 56 = 6（万元）则不允许税前扣除，需做纳税调整。

3. 社会保险费

(1) 企业依照政府规定的范围和标准为职工缴纳的"五险一金"，即基本养老保险费、基本医疗保险费、失业保险费、工伤保险费、生育保险费等基本社会保险费和住房公积金，准予扣除。

(2) 企业为投资者或者职工支付的补充养老保险费、补充医疗保险费，分别在不超过职工总额 5% 标准内的部分准予扣除。

(3) 企业依照国家有关规定为特殊工种职工支付的人身安全保险费和国务院财政、税务主管部门规定可以扣除的其他商业保险费准予扣除；企业为投资者或者职工支付的商业保险费，不得扣除。

(4) 企业参加财产保险，按照规定缴纳的保险费，准予扣除。

4. 利息费用

具体规定有：

(1) 借款用途不同产生利息的处理规定：①企业在生产经营活动中发生的合理的不需要资本化的借款费用，准予扣除。②企业为购置、建造固定资产、无形资产和经过 12 个月以上的建造才能达到预定可销售状态的存货发生借款的，在有关资产购置、建造期间发生的合理的借款费用，应当作为资本性支出计入有关资产的成本，并依资本管理的有关规定扣除。

(2) 贷款方性质不同产生利息的处理规定：企业在生产经营活动中发生的下列利息支出，准予扣除。①非金融企业向金融企业借款的利息支出、金融企业的各项存款利息支出和同业拆借利息支出、企业经批准发行债券的利息支出。②非金融企业向非金融企业借款的利息支出，不超过按照金融企业同期同类贷款利率计算的数额部分。

5. 业务招待费

企业发生的与生产经营活动有关的业务招待费支出，按照发生额的

60%扣除，但最高不得超过当年销售（营业）收入的5‰。

【案例7-2-8】导入案例中，业务招待费扣除标准是多少？

【分析】发生业务招待费86万元，按企业所得税法的规定，按实际发生业务招待费的60%计算为：86×60%＝51.60（万元），按销售（营业）收入的5‰计算为：（7 600 ＋ 500）×5‰＝40.50（万元），51.60万元大于40.50万元，按照扣除最高限额与实际发生额60%孰低的原则，不允许扣除的招待费为：86－40.50＝45.50（万元）。因此，该企业招待费只能税前扣除40.50万元，剩余45.50万元则不允许税前扣除，需做纳税调整。

6. 广告费和业务宣传费

企业发生的符合条件的广告费和业务宣传费支出，除国务院财政、税务主管部门另有规定外，不超过当年销售（营业）收入15%的部分，准予扣除；超过部分，准予在以后纳税年度结转扣除。

需要注意的是，企业发生的赞助支出不得税前扣除。赞助支出，指企业发生的与生产经营活动无关的各种非广告性质支出。

【案例7-2-9】导入案例中，广告费、业务宣传费税前可扣多少？

【分析】发生广告费200万元，业务宣传费180万元，按该企业当年销售（营业）收入的15%计算为：（7 600 ＋ 500）×15%＝1 215（万元），该公司发生广告费和业务宣传费支出共计200 ＋180＝380（万元），低于税法规定限额1 215万元，因此可以全额税前扣除。

7. 环保专项资金

企业依照法律、行政法规有关规定提取的用于环境保护、生态恢复等方面的专项资金，准予扣除。上述专项资金提取后改变用途的，不得扣除。

8. 劳动保护费

企业发生的合理的劳动保护支出，准予扣除。

9. 公益性捐赠

公益性捐赠指企业通过公益性社会团体或者县级以上人民政府及其部门，用于《中华人民共和国公益事业捐赠法》规定的公益事业的捐赠。

企业发生的公益性捐赠支出，不超过年度利润总额12%的部分，准予扣除。年度利润总额，指企业依照国家统一会计制度的规定计算的年度会计利润。

公益性社会团体，指同时符合下列条件的基金会、慈善组织等社会团体。

（1）依法登记，具有法人资格。

（2）以发展公益事业为宗旨，且不以营利为目的。

(3) 全部资产及其增值为该法人所有。
(4) 收益和营运结余主要用于符合该法人设立目的的事业。
(5) 终止后的剩余财产不归属任何个人或者营利组织。
(6) 不经营与其设立目的无关的业务。
(7) 有健全的财务会计制度。
(8) 捐赠者不以任何形式参与社会团体财产的分配。
(9) 国务院财政、税务主管部门会同国务院民政部门等登记管理部门规定的其他条件。

(四) 不得扣除项目

在计算应纳税所得额时，下列支出不得扣除：
(1) 向投资者支付的股息、红利等权益性投资收益款项。
(2) 企业所得税税款。
(3) 税收滞纳金。
(4) 罚金、罚款和被没收财物的损失。
(5) 本法第九条规定以外的捐赠支出。
(6) 赞助支出。
(7) 未经核定的准备金支出。
(8) 与取得收入无关的其他支出。
(9) 下列固定资产不得计算折旧扣除。
1) 房屋、建筑物以外未投入使用的固定资产。
2) 以经营租赁方式租入的固定资产。
3) 以融资租赁方式租出的固定资产。
4) 已足额提取折旧仍继续使用的固定资产。
5) 与经营活动无关的固定资产。
6) 单独估价作为固定资产入账的土地。
7) 其他不得计算折旧扣除的固定资产。
(10) 下列无形资产不得计算摊销费用扣除。
1) 自行开发的支出已在计算应纳税所得额时扣除的无形资产。
2) 自创商誉。
3) 与经营活动无关的无形资产。
4) 其他不得计算摊销费用扣除的无形资产。

(五) 企业在计算应纳税所得额时可加计扣除的项目

(1) 开发新技术、新产品、新工艺发生的研究开发费用。对未形成无形资产计入当期损益的，在按规定据实扣除的基础上，按照研究开发费用的50%加计扣除；对形成无形资产的，按照无形资产成本的150%摊销。

【案例7-2-10】导入案例中，哪些费用项目可以加计扣除？加计扣除多少？

【分析】管理费用中新技术的研发费70万元，可按50%加计扣除计算；此项费用应加计扣除 $70 \times 50\% = 35$（万元），此项费用扣除总额为：$70 + 70 \times 50\% = 105$（万元）。

(2) 安置残疾人员及国家鼓励安置的其他就业人员所支付的工资。在按照支付给残疾职工工资据实扣除的基础上，按照支付给残疾职工工资的100%加计扣除。

(六) 亏损弥补

亏损是指企业依照《中华人民共和国企业所得税法》和本条例的规定，将每一纳税年度的收入总额减除不征税收入、免税收入和各项扣除后小于零的数额。企业纳税年度发生的亏损，准予向以后年度结转，用以后年度的所得弥补，但结转年限最长不得超过5年。

【案例7-2-11】导入案例中，佳豪科技公司2014年应纳税所得额是多少？

【分析】收入总额为：$7\,600 + 500 + 60 + 30 + 150 = 8\,340$（万元），免税收入为国债利息收入30万元。各项扣除为：成本：$5\,200 + 400 = 5\,600$（万元），费用：$580 + (800 - 6 - 35 - 45.50) + (240 - 6) = 1\,597.50$（万元），税金：360（万元），损失：$160 + 20 = 180$（万元）。扣除合计为：$5\,600 + 1\,597.50 + 360 + 180 = 7\,737.50$（万元）。应纳税所得额为：$8\,340 - 30 - 7\,737.50 = 572.50$（万元）。

二、应纳所得税额的计算

企业当期应纳所得税额应为当期应纳税所得额乘以适用税率，减除减免和抵免的税额后的余额，其计算公式如下：

应纳所得税税额 = 应纳税所得额 × 适用税率 - 减免税额 - 抵免税额

公式中的减免税额和抵免税额，是指依照《中华人民共和国企业所得税法》和国务院的税收优惠规定减征、免征和抵免的应纳税额。

(一) 抵免企业所得税税额

企业取得的下列所得已在境外缴纳的所得税税额，可以从其当期应纳税额中抵免，抵免限额为该项所得依照《中华人民共和国企业所得税法》计算的应纳税额；超过抵免限额的部分，可以在以后 5 个年度内，用每年度抵免限额抵免当年应抵税额后的余额进行抵补。

(1) 居民企业来源于中国境外的应税所得。

(2) 非居民企业在中国境内设立机构、场所，取得发生在中国境外但与该机构、场所有实际联系的应税所得。

境外缴纳的所得税，必须是纳税人就来源于境外的所得在境外实际缴纳了的所得税税款，不包括减免税以及纳税后又得到补偿或由他人代替承担的税款。

(1) 抵免限额的计算方法。税收的抵免限额，是纳税人的境外所得依据我国《中华人民共和国企业所得税法》的有关规定，扣除取得该项所得应摊计的成本、费用及损失后，得出应税所得额按规定税率计算出的应纳税额。该税收抵免限额应当分国（地区）不分项计算。计算公式如下：

税收抵免限额 = 境内、境外所得按《中华人民共和国企业所得税法》及其实施条例的规定计算的应纳税总额 × 来源于某国（地区）的应纳税所得额 ÷ 中国境内、境外应纳税所得总额

例如，某企业 2014 年度境内所得为 800 万元，同期从境外某国分支机构取得税后收益 140 万元，在境外已按 30% 的税率缴纳了所得税。该企业适用税率为 25%。计算该企业本年度应缴纳入库的所得税额如下：

境外收益应纳税所得额 = 140 ÷ (1 − 30%) = 200 (万元)；境内、境外所得应纳税总额 = (800 + 200) × 25% = 250 (万元)；境外所得税抵免限额 = 250 × 200 ÷ (800 + 200) = 50 (万元)；境外所得实际缴纳所得税 = 200 × 30% = 60 (万元)，大于扣除限额 50 万元，境外所得应抵扣的已纳所得税额为 50 万元。本年度该企业应缴纳企业所得税 = 250 − 50 = 200 (万元)。

(2) 抵免不足部分的处理。纳税人来源于境外所得实际缴纳的所得税款，如果低于按规定计算出的扣除限额，可以从应纳税额中如数扣除其在境外实际缴纳的所得税税款；如果超过扣除限额，其超过部分不得在本年度作为税额扣除，也不得列为费用支出，但可以用以后年度税额扣除不超过限额的余额补扣，补扣期限最长不得超过 5 年。

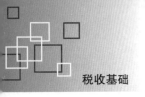

接上例,未抵免的余额 10 万元,可以在以后 5 个年度中,用每度抵免限额抵免当年应抵税额后的余额进行抵补。

(二) 减免税额

国家对重点扶持和鼓励发展的产业和项目,给予企业所得税优惠。

1. 企业的免税收入项目

(1) 国债利息收入,是指企业持有国务院财政部门发行的国债取得的利息收入。

(2) 符合条件的居民企业之间的股息、红利等权益性投资收益,是指居民企业直接投资于其他居民企业取得的投资收益。

(3) 在中国境内设立机构、场所的非居民企业从居民企业取得与该机构、场所有实际联系的股息、红利等权益性投资收益。股息、红利等权益性投资收益,不包括连续持有居民企业公开发行并上市流通的股票不足 12 个月取得的投资收益。

(4) 符合条件的非营利组织的企业所得税免税收入,具体包括以下收入:

1) 接受其他单位或者个人捐赠的收入。

2) 除《中华人民共和国企业所得税法》第七条规定的财政拨款以外的其他政府补助收入,但不包括因政府购买服务取得的收入。

3) 按照省级以上民政、财政部门规定收取的会费。

4) 不征税收入和免税收入孳生的银行存款利息收入。

5) 财政部、国家税务总局规定的其他收入。

2. 免征、减征企业所得税税额

(1) 小型微利企业的税收优惠。符合以下条件的小型微利企业,减按 20% 的税率征收企业所得税:

1) 工业企业,年度应纳税所得额不超过 30 万元,从业人数不超过 100 人,资产总额不超过 3 000 万元。

2) 其他企业,年度应纳税所得额不超过 30 万元,从业人数不超过 80 人,资产总额不超过 1 000 万元。

自 2014 年 1 月 1 日至 2016 年 12 月 31 日,对年应纳税所得额低于 10 万元(含 10 万元)的小型微利企业,其所得减按 50% 计入应纳税所得额,按 20% 的税率缴纳企业所得税。

(2) 国家需要重点扶持的高新技术企业,减按 15% 的税率征收所得税。

(3) 民族自治地方的自治机关对本民族自治地方的企业应缴纳的企业

所得税中属于地方分享的部分,可以决定减征或者免征。

（4）企业的免征、减征企业所得税项目：

1）从事农业、林业、牧业、渔业项目的所得。

2）从事国家重点扶持的公共基础设施项目投资经营所得。

3）从事符合条件的环境保护、节能节水项目的所得。

4）符合条件的技术转让所得。

5）在中国境内未设立机构、场所的非居民企业来源于中国境内的所得。

【案例7-2-12】 导入案例中，佳豪科技公司2014年应纳企业所得税是多少？应退（补）税多少？

【分析】 该企业应纳企业所得税税额为：572.50×25% = 143.12（万元），已预缴50万元，因此，应补缴：143.12 - 50 = 93.12（万元）。

三、企业所得税的会计处理

根据《企业所得税暂行条例》的规定，企业所得税按年计算，分月或分季预缴。按月（季）预缴、年终汇算清缴所得税的会计处理如下：

借：所得税费用
　　贷：应交税费——应交所得税
借：应交税费——应交所得税
　　贷：银行存款

【案例7-2-13】 导入案例中，佳豪科技公司2014年预缴、补缴企业所得税的会计处理是如何做的？

【分析】 该企业按月（季）预缴企业所得税50万元处理如下：

借：所得税费用	500 000
贷：应交税费——应交所得税	500 000
借：应交税费——应交所得税	500 000
贷：银行存款	500 000

税收基础

项目7.3 企业所得税的征收管理

☆知识目标

➢ 掌握企业所得税的申报缴纳

◆能力目标

➢ 学会申报缴纳企业所得税

一、纳税年度

纳税年度是从公历1月1日起至12月31日止。纳税人在一个纳税年度中间开业，或者由于合并、关闭等原因，使该纳税年度的实际经营期不足12个月的，应当以其实际经营期为一个纳税年度；纳税人清算时，应当以清算期间为一个纳税年度。

二、纳税申报

企业所得税分月或者分季预缴。

企业应当自月份或者季度终了之日起15日内，无论盈利或亏损，都应向税务机关报送预缴企业所得税纳税申报表，预缴税款。

企业应当自年度终了之日起5个月内，向税务机关报送年度企业所得税纳税申报表，并汇算清缴，结清应缴应退税款。

企业在报送企业所得税纳税申报表时，应当按照规定附送财务会计报告和其他有关资料。

纳税人在规定的申报期申报确有困难的，可报经主管税务机关批准，延期申报。

三、税款缴纳方式

企业所得税按年计算，但为了保证税款及时、均衡入库，对企业所得税采取分期（按月或季）预缴、年终汇算清缴的办法。纳税人预缴所得税时，应当按纳税期限的实际数预缴，按实际数预缴有困难的，可以按上一年度应纳税所得额的 1/12 或 1/4，或者经当地税务机关认可的其他方法分期预缴所得税。预缴方法一经确定，不得随意改变。

四、纳税期限

按月份或季度预缴税款的纳税人，应在月份或季度终了后 15 日内向主管税务机关进行纳税申报并预缴税款。企业应当自年度终了之日起 5 个月内，向税务机关报送年度企业所得税纳税申报表，并汇算清缴，结清应缴（退）税款。

五、纳税地点

除国家另有规定者外，企业所得税由纳税人在其所在地主管税务机关就地缴纳。所谓"所在地"，是指纳税人的实际经营管理所在地。

练 习 题

一、单项选择题

1. 根据企业所得税法的规定，下列是企业所得税纳税人的是（　　）。
A. 个体工商户　　　　　　　B. 个人独资企业
C. 合伙企业　　　　　　　　D. 非居民企业
2. 下列各项中，关于企业所得税所得来源的确定，正确的是（　　）。
A. 权益性投资资产转让所得按照投资企业所在地确定
B. 销售货物所得，按照交易活动发生地确定
C. 提供劳务所得，按照所得支付地确定
D. 转让不动产，按照转让不动产的企业或机构、场所所在地确定
3. 根据企业所得税法的规定，企业所得税税率说法不正确的是（　　）。

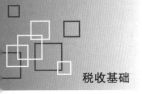

A. 企业所得税税率统一为25%

B. 企业所得税法实行比例税率

C. 现行企业所得税的基本税率为25%

D. 在中国境内未设立机构场所的非居民企业可以使用企业所得税的低税率缴纳所得税

4. 下列关于所得税收入的确认，说法不正确的是（　　）。

A. 企业自产的产品转移至境外的分支机构，属于视同销售，应当确认收入

B. 特许权使用费收入，按照合同约定的特许权使用人应付特许权使用费的日期确认收入的实现

C. 企业自产的产品转为自用，应当视同销售货物，按企业同类资产同期对外销售价格确认销售收入

D. 企业发生的损失，减除责任人赔偿和保险赔款后的余额，准予在所得税前扣除，但企业已经作为损失处理的资产，在以后纳税年度又全部收回或者部分收回时，应当计入当期收入

5. 某商贸企业2009年销售收入情况如下：开具增值税专用发票的收入2 000万元，开具普通发票的金额936万元。企业发生管理费用110万元（其中业务招待费20万元），发生的销售费用600万元（其中广告费300万元、业务宣传费180万元），发生的财务费用200万元，准予在企业所得税前扣除的期间费用为（　　）万元。

A. 850　　　　B. 842　　　　C. 844　　　　D. 902

6. 下列属于企业所得税的视同销售收入的是（　　）。

A. 房地产企业将开发房产转作办公使用

B. 钢材企业将自产的钢材用于本企业的在建工程

C. 工业企业将产品用于分支机构的移送

D. 某药品生产企业将生产的药品对外捐赠

7. 甲企业2015年按同期金融机构贷款利率从其关联方乙公司借款6 800万元，发生借款利息408万元。乙公司在甲企业的权益性投资为3 000万元，甲企业在计算企业所得税应纳税所得额时准予扣除的利息金额为（　　）。

A. 408万元　　B. 360万元　　C. 180万元　　D. 90万元

8. 下列各项中，不属于企业所得税征税对象的是（　　）。

A. 居民企业来源于境内、境外的所得

B. 非居民企业来源于中国境内的所得

C. 非居民企业来源于中国境外的，与所设机构没有实际联系的所得

D. 在中国设立机构、场所的非居民企业，取得与其所设机构、场所有实际联系的所得

9. 关于企业所得税收入的确定，说法不正确的是（   ）。

A. 企业发生的商业折扣应当按扣除商业折扣后的余额确定销售商品收入金额

B. 企业发生的现金折扣应当按扣除现金折扣后的余额确定销售商品收入金额

C. 企业转让股权收入，应于转让协议生效且完成股权变更手续时，确认收入的实现

D. 如果交易合同或协议中规定租赁期限跨年度，且租金提前一次性支付的，出租人对已确认的收入，在租赁期内，分期均匀计入相关年度收入

10. 纳税人在生产经营过程中租入固定资产而支付的下列费用，不能直接作为费用扣除的是（   ）。

A. 经营性租赁方式发生的租赁费
B. 安装交付使用后产生的借款利息
C. 经营租赁方式承租方支付的手续费
D. 融资租赁方式发生的租赁费

11. 下列税金中，可以于发生当期在企业所得税税前扣除的有（   ）。

A. 消费税、营业税、城建税和教育费附加、契税、资源税、印花税
B. 增值税、营业税、城建税和教育费附加、关税、土地增值税、房产税
C. 消费税、营业税、城建税和教育费附加、土地使用税、土地增值税、印花税
D. 消费税、营业税、城建税和教育费附加、车辆购置税、土地增值税、车船税

12. 某公司 2008 年度实现会计利润总额 30 万元。经某注册税务师审核，"财务费用"账户中列支有两笔利息费用：向银行借入生产用资金 100 万元，借用期限 6 个月，支付借款利息 3 万元；经过批准向本企业职工借入生产用资金 80 万元，借用期限 9 个月，支付借款利息 4 万元。该公司 2008 年度的应纳税所得额为（   ）万元。

A. 20   B. 30   C. 31   D. 30.40

13. 某企业 2008 年销售收入 1 000 万元，年实际发生业务招待费 10 万元，该企业当可在所得税前列支的业务招待费金额是（   ）万元。

A. 5   B. 6   C. 8   D. 10

二、多项选择题

1. 根据企业所得税处置资产确认收入的相关规定，下列各项行为中，应视同销售的有（　　）。

   A. 将生产的产品用于市场推广

   B. 将生产的产品用于职工福利

   C. 将资产用于境外分支机构加工另一产品

   D. 将资产在总机构及其境内分支机构之间转移

2. 根据企业所得税法规定，下列保险费可以税前扣除的有（　　）。

   A. 企业参加财产保险，按规定缴纳的保险费

   B. 企业为投资者支付的商业保险费

   C. 企业为职工支付的商业保险费

   D. 企业依照有关规定为特殊工种职工支付的人身安全保险费

3. 根据企业所得税法的规定，以下不适用25%税率的是（　　）。

   A. 在中国境内未设立机构、场所的非居民企业

   B. 在中国境内虽设立机构、场所但取得所得与其机构、场所没有实际联系的非居民企业

   C. 在中国境内设立机构、场所且取得所得与其机构、场所有实际联系的非居民企业

   D. 所有的非居民企业

4. 企业所得税法实施条例规定的采取加速折旧的方法有（　　）。

   A. 年数总和法　　　　　　B. 工作量法

   C. 平均年限法　　　　　　D. 双倍余额递减法

5. 下列关于企业所得税前可扣除的工资及福利费，表述正确的是（　　）。

   A. 合理工资薪金，指企业按照股东大会、董事会、薪酬委员会或有关管理机构制定的工资薪金制度规定实际发放给员工的工资薪金

   B. 失业保险及生育保险应计入工资薪金

   C. 丧葬补助费、抚恤费应计入工资薪金

   D. 供暖费补贴、职工防暑降温费应计入福利费

6. 根据企业所得税法的规定，在计算企业所得税应纳税所得额时，下列项目不得在企所得税税前扣除的有（　　）。

   A. 外购货物管理不善发生的损失

   B. 违反法律被司法部门处以的罚金

   C. 非广告性质的赞助支出

D. 银行按规定加收的罚息

7. 纳税人下列行为应视同销售确认所得税收入的有（　　）。
   A. 将货物用于投资　　　　　B. 将商品用于捐赠
   C. 将产品用于集体福利　　　D. 将产品用于在建工程

8. 按照企业所得税法和实施条例规定，下列关于企业所得税预缴的表述正确的有（　　）。
   A. 企业所得税分月或者分季预缴，由企业自行选择，报税务机关备案
   B. 可以按照月度或者季度的实际利润额预缴
   C. 按照实际利润额预缴有困难的，可以按照上一纳税年度应纳税所得额的月度或者季度平均额预缴
   D. 预缴方法一经确定，该纳税年度内不得随意变更

9. 企业取得的下列利息中，免征企业所得税的有（　　）。
   A. 企业取得2014年发行的地方政府债券利息
   B. 企业购买的国债到期取得的国债利息
   C. 企业到期前转让的、持有期间尚未兑付的国债利息
   D. 企业持有2014年发行的中国铁路建设债券取得的利息

10. 企业使用或者销售的存货的成本计算方法，可以在（　　）中选用一种。计价方法一经选用，不得随意变更。
    A. 先进先出法　　　　　　B. 后进先出法
    C. 加权平均法　　　　　　D. 个别计价法

11. 纳税人在生产经营过程中租入固定资产而支付的下列费用，可以直接作为费用扣除的是（　　）。
    A. 经营性租赁方式发生的短于1个会计年度的租赁费
    B. 安装交付使用后产生的借款利息
    C. 经营租赁方式承租方支付的手续费
    D. 融资租赁方式发生的租赁费

12. 下列各项中，在利润总额的基础上应调增应纳税所得额的有（　　）。
    A. 企业支付的行政罚款
    B. 企业为投资者或者职工向平安保险公司支付的人寿保险费
    C. 按照期末即期人民币汇率中间价折算为人民币时产生的计入财务费用的汇兑损失
    D. 改变用途的环境保护专项资金

三、判断题

1. 在中华人民共和国税收管辖权内（含香港、澳门等地区），企业和其他取得收入的组织为企业所得税的纳税人。（　　）

2. 企业对外投资期间，投资资产的成本在计算应纳税所得额时不可以扣除。（　　）

3. 股息、红利等权益性投资收益，除国务院财政、税务主管部门另有规定外，按照被投资方实际分配利润的日期确认收入的实现。（　　）

4. 企业的不征税收入用于支出所形成的费用或者财产，不得扣除或者计算对应的折旧、摊销扣除。（　　）

5. 企业每一纳税年度的收入总额，减除各项扣除和允许弥补的以前年度亏损后的余额，为应纳税所得额。（　　）

6. 居民企业来源于中国境外的应税所得已在境外缴纳的所得税税额，可以从其当期应纳税额中抵免，抵免限额为该项所得依照企业所得税法规定计算的应纳税额；超过抵免限额的部分，可以在以后5个年度内，用每年度抵免限额抵免当年应抵税额后的余额进行抵补。（　　）

7. 对非居民企业取得的各类所得应缴纳的所得税，实行源泉扣缴，以支付人为扣缴义务人。（　　）

8. 企业实际发生的成本、费用、税金、损失和其他支出，一律不得重复扣除。（　　）

9. 企业为投资者或者职工支付的商业保险费，一律不得扣除。（　　）

10. 企业在计算业务招待费、广告费和业务宣传费等费用扣除限额时，其销售（营业）收入额不包括企业所得税法实施条例第二十五条规定的视同销售（营业）收入额。（　　）

11. 企业向自然人借款的利息支出，一律不得在企业所得税税前扣除。（　　）

12. 依照外国（地区）法律成立但实际管理机构在中国境内的企业是非居民企业。（　　）

13. 在中国境内设立机构、场所的非居民企业，其所设机构、场所取得的来源于中国境内的所得适用的法定税率是20%。（　　）

14. 在中国境内未设立机构、场所的非居民企业，其取得的来源于中国境内的所得，可以免征、减征企业所得税。（　　）

15. 企业为投资者或者职工支付的补充养老保险费、补充医疗保险费，允许据实扣除。（　　）

16. 凡企业投资者在规定期限内未缴足其应缴资本额的，该企业对外借款所发生的利息，相当于投资者实缴资本额与在规定期限内应缴资本额的差额应计付的利息，允许在计算企业应纳税所得额时扣除。（　　）

17. 企业实际发生的与取得收入有关的、合理的支出，包括成本、费用、税金、损失和其他支出，准予在计算应纳税所得额时扣除。（　　）

18. 现行企业所得税政策规定，企业将货物用于广告不视同销售货物。（　　）

四、计算题

1. 我国某生产企业于2014年1月注册成立进行生产经营，2014年度生产经营情况如下：

（1）销售产品取得不含税收入9 000万元。

（2）产品销售成本3 300万元。

（3）营业税金及附加200万元。

（4）销售费用1 000万元（其中广告费350万元）、财务费用200万元。

（5）管理费用1 200万元（其中业务招待费85万元、新产品研究开发费30万元）。

（6）营业外支出800万元（其中通过政府部门向贫困地区捐款150万元，存货盘亏损失60万元，赞助支出50万元）。

（7）全年提取并实际支付工资1 000万元，职工工会经费、职工教育经费、职工福利费，分别按工资总额的2%、2.5%、14%的比例提取，并且均实际支出。

（8）经过税务机关的核定，该企业当年合理的工资支出标准是800万元，已知，成本、费用中未包含工资和三项经费。

要求：根据所给资料，回答下列问题。

（1）该企业所得税前可以扣除的期间费用为（　　）万元（不含加计扣除）。

A. 2 115　　　B. 2 352　　　C. 2 456　　　D. 2 360

（2）企业准予扣除的营业外支出为（　　）万元。

A. 723.80　　B. 783.80　　C. 733.80　　D. 673.80

（3）企业准予扣除工资和三项经费为（　　）万元。

A. 956　　　B. 1 180　　　C. 948　　　D. 1 185

（4）企业应纳企业所得税为（　　）万元。

A. 360.80　　B. 364.50　　C. 341.50　　D. 410.80

2. 北京市某居民企业，2015年1月1日成立，2015年发生业务如下：

(1) 取得主营业务收入1 000万元，其他业务收入10万元，国债利息收入26万元，接受捐赠所得420万元。

(2) 取得房屋转让收入1 000万元，相关的转让成本及费用等480万元。

(3) 主营业务成本670.20万元，其他业务成本6万元。

(4) 发生管理费用200万元，其中，管理费用中有当期列支的招待费50万元。

(5) 发生销售费用240万元，其中，广告和业务宣传费80万元。

(6) 发生财务费用44.80万元，其中有一年期银行贷款200万元，用于在建工程的建设，一年内支付利息8万元。

(7) 营业税金及附加75万元。

(8) 营业外支出125万元，其中：向工商银行贷款到期无力偿还，被银行加收罚息3万元；税款滞纳金1万元；环保部门的罚款1万元；向社会的公益性捐赠120万元。

(9) 上年超过税前扣除标准扣除的广告和业务宣传费40万元。

(10) 2015年12月购进符合规定的环境保护专用设备一台，投资额为200万元，已经投入使用。

根据上述资料和税法有关规定，回答下列问题：

(1) 企业2015年准予税前扣除的管理费用为（   ）万元。

  A. 5.05　　　　B. 155.05　　　　C. 30　　　　D. 160.05

(2) 企业2015年准予税前扣除的销售费用为（   ）万元（不考虑上年事项）。

  A. 140　　　　B. 180　　　　C. 240　　　　D. 280

(3) 企业2015年准予扣除的营业外支出为（   ）万元。

  A. 125　　　　B. 72.76　　　　C. 77.76　　　　D. 74.76

(4) 企业2015年应当缴纳的所得税额为（   ）万元。

  A. 142.30　　　B. 132.99　　　C. 142.68　　　D. 132.88

3. 某市一餐饮企业于2014年3月成立，职工共50人，企业的资产总额为500万元，企业2014年销售收入1 000万元，销售成本750万元，财务费用、管理费用、销售费用、营业税金及附加共计270万元，企业自行计算的应纳税所得额为-20万元，在汇算清缴时经税务师事务所审核，发现以下事项未进行纳税调整。

(1) 企业的"其他应付款"科目隐瞒餐饮收入30万元，相应成本为20

万元。

（2）已计入成本费用中实际支付的工资86万元，并计提但未上缴工会经费1.72万元，实际列支职工福利费7万元，计提2万元的职工教育经费（已经全部用于员工的技能培训）。

（3）管理费用中列支的业务招待费20万元。

（4）管理费用中列支企业的财产保险费用12万元，为股东支付的商业保险费15万元。

（5）销售费用中列支的业务宣传费20万元、广告费30万元。

要求：根据上述资料，回答下列问题：

（1）企业应补缴的流转税、城市维护建设税和教育费附加为（　　）万元。

　　A．1.65　　　　B．1.55　　　　C．1.50　　　　D．1.35

（2）企业工资及三项费用调整金额为（　　）万元。

　　A．6.61　　　　B．6.76　　　　C．6.91　　　　D．6.56

（3）企业管理费用和销售费用应调整的金额为（　　）万元。

　　A．23　　　　B．29.85　　　　C．32.25　　　　D．89.15

（4）企业应纳企业所得税为（　　）万元。

　　A．3.74　　　　B．4.99　　　　C．6.24　　　　D．8.23

4．假定某企业为工业企业，2014年资产总额是2 800万元，在职职工人数80人，全年经营业务如下：

（1）取得销售收入2 500万元。

（2）销售成本1 343万元。

（3）发生销售费用670万元（其中广告费320万元）、管理费用400万元（其中业务招待费15万元）、财务费用60万元。

（4）销售税金160万元（含增值税120万元）。

（5）营业外收入70万元，营业外支出50万元（含通过公益性社会团体向贫困山区捐款5万元，支付税收滞纳金6万元）。

（6）计入成本、费用中的实发工资总额150万元，拨缴职工工会经费3万元，支出职工福利费和职工教育经费29万元，经核定职工福利费和教育经费均超过扣除限额。

根据上述资料回答下列问题：

（1）企业销售费用和管理费用应调增的应纳税所得额为（　　）万元。

　　A．0　　　　B．5　　　　C．6　　　　D．61

（2）企业营业外支出需要调增的数额为（　　）万元。

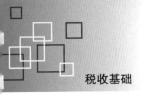

A. 9.60　　　B. 10.16　　　C. 15.16　　　D. 20.16

（3）企业"工会经费、职工教育经费、福利费"合计应调增所得额为（　　）万元。

A. 7.25　　　B. 4.25　　　C. 2.25　　　D. 1.25

（4）2014年应纳企业所得税为（　　）万元。

A. 3.71　　　B. 4.48　　　C. 5.48　　　D. 6.71

5. 某企业为居民企业，2014年度生产经营情况如下：

（1）销售收入5 500万元。

（2）销售成本3 800万元，增值税900万元，销售税金及附加100万元。

（3）销售费用800万元，其中含广告费500万元。

（4）管理费用600万元，其中含业务招待费100万元、研究新产品费用50万元。

（5）财务费用100万元，其中含向非金融机构借款500万元的年利息支出，年利率10%（银行同期同类贷款利率为6%）。

（6）营业外支出50万元，其中含向供货商支付违约金10万元，向税务局支付税款滞纳金2万元，通过公益性社会团体向贫困地区的捐赠现金10万元。

要求：按照下列顺序回答问题，每问均为合计金额。

（1）计算所得税前可以扣除的广告费用金额。

（2）计算所得税前可以扣除的业务招待费金额。

（3）计算所得税前可以扣除的财务费用。

（4）计算所得税前可以扣除的捐赠。

（5）计算该公司2014年度应纳税所得额。

（6）计算该公司2014年度应缴纳的企业所得税。

第八章 资源税

> 导入案例

XY公司是一家集团公司,下属两个独立法人企业:某盐场、某油气田开采企业。该公司2015年6月发生业务如下:

(1) 某盐场发生业务:生产液体盐58万吨,当月销售43万吨;以外购的液体盐10万吨用于生产固体盐7万吨,全部对外销售;以自产的液体盐5万吨加工生产固体盐3.6万吨,当月全部对外销售,该盐场资源税适用税额:自产液体盐3元/吨,固体盐25元/吨,外购液体盐5元/吨。

(2) 某油气田开采企业发生业务:开采原油的同时开采天然气450万立方米,开采成本为500万元,当月全部用于职工宿舍供暖。已知,当地无天然气同类售价,当地规定的天然气成本利润率为8%,天然气适用资源税税率为5%。

(3) 某盐场坐落该市郊区,实际占用土地面积20 000平方米,经确定:所在地土地使用税年税额为2元/平方米。

(4) 某油气田征得耕地建分厂,共征地2 000平方米,该地区耕地占用税额为每平方米6元。

项目8.1 资源税概述

☆知识目标

> 掌握资源税的概念和征收范围
> 掌握资源税的计税依据、税率及计税方法

◆ 能力目标

➢ 能够正确计算资源税应纳税额

一、资源税基础知识

资源税是对开发和利用国有资源的单位和个人,以其开采和利用的自然资源为征税对象而征收的一种税。

(一) 纳税人、扣缴义务人

1. 纳税人

在中华人民共和国领域及管辖海域开采《中华人民共和国资源税暂行条例》规定的矿产品或者生产盐(以下称"开采或生产应税产品")的单位和个人,为资源的纳税人,应当依照条例缴纳资源税。

单位,指企业、行政单位、事业单位、军事单位、社会团体及其他单位。

个人,指个体工商户和其他个人。

2. 扣缴义务人

收购未税矿产品的单位为资源税的扣缴义务人,包括独立矿山、联合企业及其他收购未税矿产品的单位。把收购未税矿产品的单位规定为资源税的扣缴义务人,是为了加强资源税的征管。主要是适应税源小、零散、不定期开采、易漏税等税务机关认为不易控管、由扣缴义务人在收购时代扣代缴未税矿产品资源税为宜的情况。

(二) 征税范围

1. 矿产品

(1) 原油,指开采的天然原油,不包括人造石油。

(2) 天然气,指专门开采或与原油同时开采的天然气,暂不包括煤矿生产的天然气。

(3) 煤炭,指原煤,不包括洗煤、选煤及其他煤炭制品。

(4) 其他非金属矿原矿,指原油、天然气、煤炭和井矿盐以外的非金属矿原矿。

(5) 黑色金属矿原矿,指纳税人开采后自用、销售的,用于直接入炉冶炼或作为主产品先入选精矿，制造人工矿，再最终入炉冶炼的金属矿石原矿，包括铁矿石、锰矿石和铬矿石。

(6) 有色金属矿原矿，包括铜矿石、铅锌矿石、铝土矿、钨矿石、锡矿石等。

2. 盐

(1) 固体盐，包括海盐原盐、湖盐原盐和井矿盐。

(2) 液体盐，俗称卤水，指氯化钠含量达到一定浓度的溶液，是用于生产碱和其他产品的原料。

(三) 税目、税率

现行资源税的税目及子目主要是根据资源税应税产品和纳税人开采资源的行业特点设置的，包括七大类，在7个税目下面又设有若干子目。见表8-1-1。

表8-1-1 资源税税目税率

税 目		税 率
一、原油		销售额的5%～10%
二、天然气		销售额的5%～10%
三、煤炭	焦煤	每吨8～20元
	其他煤炭	每吨0.30～5元
四、其他非金属矿原矿	普通非金属矿原矿	每吨或者每立方米0.50～20元
	贵重非金属矿原矿	每千克或者每克拉0.50～20元
五、黑色金属矿原矿		每吨2～30元
六、有色金属矿原矿	稀土矿	每吨0.40～60元
	其他有色金属矿原矿	每吨0.40～30元
七、盐	固体盐	每吨10～60元
	液体盐	每吨2～10元

二、资源税应纳税额的计算

资源税的应纳税额，按照从价定率或者从量定额的办法，分别以应税产品的销售额乘以纳税人具体适用的比例税率，或者以应税产品的销售数量乘以纳税人具体适用的定额税率计算。应纳税额的计算公式为：

（1）实行从量定额征收的：

$$资源税应纳税额 = 征税数量 \times 单位税额$$

（2）实行从价定额征收的：

$$资源税应纳税额 = 销售额 \times 税率$$

（一）征税数量

资源税的征税数量计税依据为纳税人销售或自用应税产品的数量。

（1）纳税人开采或者生产应税产品销售的，以销售数量为征税数量。

（2）纳税人开采或者生产应税产品自用的，以移送使用（非生产用）数量为课税数量。

（3）原油中的稠油、高凝油与稀油划分不清或不易划分的，一律按原油数量征税。

（4）对于连续加工前无法正确计算原煤移送使用量的，可按加工产品的综合回收率，将加工产品实际销量和自用量折算成原煤数量作为征税数量。

（5）金属和非金属矿产品原矿，因无法准确掌握纳税人移送使用原矿数量的，将其精矿按选矿比折算成原矿数量作为征税数量。

（6）纳税人开采或者生产应税产品，自用于连续生产应税产品的，不缴纳资源税；自用于其他方面的，视同销售，依照条例缴纳资源税。

纳税人以自产的液体盐加工固体盐，按固体盐税额征税，以加工的固体盐数量为课税数量；纳税人以外购的液体盐加工固体盐，其加工固体盐所耗用液体盐的已纳税额准予抵扣。

纳税人开采或生产不同税目应税产品的，应当分别核算不同税目应税产品的销售额或销售数量；未分别核算或者不能准确提供不同税目应税产品的销售额或销售数量的，从高适用税率。

【案例8-1-1】导入案例中，盐场当月销售43万吨；以外购的液体盐10万吨用于生产固体盐7万吨，全部对外销售；以自产的液体盐5万吨加工生产固体盐3.60万吨，当月全部对外销售，本月资源税的征税数量应为多少？

【分析】资源税的征税数量：43+7+3.60=53.60（万吨）。

【案例8-1-2】导入案例中，该盐场本月应纳资源税如何计算？

【分析】加工固体盐所耗用的外购液体盐的已纳税额可予抵扣，因此盐场应纳资源税：$(43 \times 3) + (7 \times 25 - 10 \times 5) + (3.60 \times 25) = 344$（万元）。

（二）销售额

销售额是纳税人销售货物或提供应税劳务向购买方收取的全部价款和价外费用，不包括收取的增值税税额。

价外费用包括价外向购买方收取的手续费、补贴、基金、集资费、返还利润、奖励费、违约金、滞纳金、延期付款利息、赔偿金、代收款项、代垫款项、包装费、包装物租金、储备费、优质费、运输装卸费，以及其他各种性质的价外收费。

纳税人申报的应税产品销售额明显偏低且无正当理由的、有视同销售应税产品行为而无销售额的，除财政部、国家税务总局另有规定外，按下列顺序确定销售额。

（1）按纳税人最近时期同类产品的平均销售价格确定。
（2）按其他纳税人最近时期同类产品的平均销售价格确定。
（3）按组成计税价格确定。组成计税价格为：

组成计税价格 = 成本 × （1 + 成本利润率） ÷ （1 - 资源税税率）

【案例8-1-3】导入案例中，某油气田开采企业当月开采天然气全部用于职工宿舍供暖，且当地无天然气同类售价，此项业务应如何计算应税销售额？

【分析】销售额应按组成计税价格确定，组成计税价格为：$500 \times (1 + 8\%) \div (1 - 5\%) = 568.42$（万元）。

三、资源税的会计处理

按照现行规定，企业缴纳的资源税，应通过"应交税费——应交资源税"科目核算，具体规定如下：

（1）发生销售业务时。企业将计算出销售的应税产品应缴纳的资源税，借记"产品销售税金及附加"科目，贷记"应交税费——应交资源税"科目；上缴资源税时，借记"应交税费——应交资源税"科目，贷记"银行存款"等科目。

（2）发生自用业务时。企业将计算出自产自用的应税产品应缴纳的资源税，借记"生产成本""制造费用"等科目，贷记"应交税费——应交资源税"科目；上缴资源税时，借记"应交税费——应交资源税"科目，贷记"银行存款"等科目。

(3）收购未税矿产品时。企业收购未税矿产品时，借记"材料采购"等科目，贷记"银行存款"等科目，按代扣代缴的资源税，借记"材料采购"等科目，贷记"应交税费——应交资源税"科目；上缴资源税时，借记"应交税费——应交资源税"科目，贷记"银行存款"等科目。

（4）外购液体盐加工固体盐。企业在购入液体盐时，按所允许抵扣的资源税，借记"应交税费——应交资源税"科目；按外购价款扣除允许抵扣资源税后的数额，借记"材料采购"等科目；按应支付的全部价款，贷记"银行存款""应付账款"等科目；企业加工成固体盐后，在销售时，按计算出的销售固体盐应缴的资源税，借记"产品销售税金及附加"科目，贷记"应交税费——应交资源税"科目；将销售固体盐应纳的资源税扣抵液体盐已纳资源税后的差额上缴时，借记"应交税费——应交资源税"科目，贷记"银行存款"等科目。

四、资源税的征收管理

（一）纳税义务发生时间

（1）纳税人采取分期收款结算方式的，其纳税义务发生时间，为销售合同规定的收款日期的当日。

（2）纳税人采取预收货款结算方式的，其纳税义务发生时间，为发出应税产品的当日。

（3）纳税人采取其他结算方式的，其纳税义务发生时间，为收讫销售款或者取得索取销售款凭据的当日。

（4）纳税人自产自用应税产品的纳税义务发生时间，为移送使用应税产品的当日。

（5）扣缴义务人代扣代缴税款的纳税义务发生时间，为支付货款的当日。

（二）纳税地点

（1）纳税人应当向应税产品的开采或者生产所在地主管税务机关缴纳资源税。

（2）跨省开采资源税应税产品的单位，其下属生产单位与核算单位不在同一省、自治区、直辖市的，对其开采的矿产品，一律在开采地纳税。（纳税人在本省、自治区、直辖市范围内开采或者生产应税产品，其纳税地点需要调整的,由省、自治区、直辖市税务机关决定。)

(3)扣缴义务人代扣代缴资源税,应当向收购地主管税务机关缴纳。

(三)纳税期限

纳税人的纳税期限为1日、3日、5日、10日、15日或者1个月,由主管税务机关根据实际情况具体核定。不能按固定期限计算纳税的,可以按次计算纳税。

纳税人以1个月为一期纳税的,自期满之日起10日内申报纳税;以1日、3日、5日、10日或者15日为一期纳税的,自期满之日起5日内预缴税款,于次月1日起10日内申报纳税并结清上月税款。

扣缴义务人的解缴税款期限,比照前两款的规定执行。

项目8.2 城镇土地使用税

☆知识目标

➢ 掌握城镇土地使用税的概念和征收范围
➢ 掌握城镇土地使用税的计税依据、税率及计税方法

◆能力目标

➢ 能够正确计算城镇土地使用税应纳税额

一、城镇土地使用税基础知识

城镇土地使用税是国家在城市、县城、建制镇和工矿区范围内,对拥有土地使用权的单位和个人,以其实际占用的土地面积为计税依据,按规定的税额计算征收的一种税。

(一)纳税人

在城市、县城、建制镇、工矿区范围内使用土地的单位和个人,为城镇

土地使用税（以下简称"土地使用税"）的纳税人。单位，包括国有企业、集体企业、私营企业、股份制企业、外商投资企业、外国企业以及其他企业和事业单位、社会团体、国家机关、军队以及其他单位；所称个人，包括个体工商户以及其他个人。

（二）征收范围

城镇土地使用税的征收范围是城市、县城、建制镇和工矿区，不包括农村集体所有的土地。

城市，是指经国务院批准设立的市。城市的征税范围为市区和郊区。县城，是指县人民政府所在地。县城的征税范围为县人民政府所在地的城镇。建制镇，是指经省、自治区、直辖市人民政府批准设立的建制镇。建制镇的征税范围为镇人民政府所在地。工矿区，是指工商业比较发达、人口比较集中，符合国务院规定的建制镇标准，但尚未设立建制镇的大中型工矿企业所在地。

（三）税率

城镇土地使用税税率见表8-2-1。

表8-2-1 城镇土地使用税税率

级 别	人口（人）	每平方米税额（元）
大城市	50万以上	1.50～30
中等城市	20万～50万	1.20～24
小城市	20万以下	0.90～18
县城、建制镇、工矿区	—	0.60～12

二、城镇土地使用税的计算和申报缴纳

（一）计税依据

以实际占用的土地面积为计税依据。

（1）凡有由省、自治区、直辖市人民政府确定的单位组织测定土地面积的，以测定的面积为准。

（2）尚未组织测量，但纳税人持有政府部门核发的土地使用证书的，以证书确认的土地面积为准。

（3）尚未核发出土地使用证书的，应由纳税人申报土地面积据以纳税，待核发土地使用证以后再做调整。

（二）应纳税额的计算

城镇土地使用税的应纳税额依据纳税人实际占用的土地面积和适用单位税额计算。其计算公式如下：

年应纳税额＝计税土地面积（平方米）×适用税额

【案例8－2－1】导入案例中，某盐场坐落该市郊区，实际占用土地面积20 000平方米，经确定：所在地土地使用税年税额为2元/平方米，此项业务应如何计算该盐场土地使用税？

【分析】计算该企业应缴纳土地使用税为：20 000×4＝80 000（元）。会计处理为：

（1）计算应缴土地使用税时：

借：管理费用 80 000
　　贷：应交税费——应交土地使用税 80 000

（2）缴纳税款时：

借：应交税费——应交土地使用税 80 000
　　贷：银行存款 80 000

（三）城镇土地使用税的减免

（1）国家机关、人民团体、军队自用的土地；由国家财政部门拨付事业经费的单位自用的土地；宗教寺庙、公园、名胜古迹自用的土地，均免征城镇土地使用税。这些单位的生产、经营用地和其他用地，不属于免税范围。

（2）市政街道、广场、绿化用地等公共用地，免征城镇土地使用税。

（3）为发展农业、林业、牧业、渔业生产和鼓励整治土地，改造废地，直接用于农业、林业、牧业、渔业的生产用地，免征城镇土地使用税；经批准，开山填海整治的土地和改造的废弃土地，从使用的月份起免纳城镇土地使用税5～10年，具体免税期限由各地自定。

（四）城镇土地使用税的申报缴纳

1. 城镇土地使用税纳税地点

城镇土地使用税由土地所在地的税务机关征收。纳税人使用的土地不属

于同一省（自治区、直辖市）管辖范围的，应由纳税人分别向土地所在地税务机关缴纳；在同一省（自治区、直辖市）管辖范围内，纳税人跨地区使用的土地，其纳税地点由省、自治区、直辖市税务机关确定。

2. 城镇土地使用税纳税期限

城镇土地使用税按年计算，分期缴纳，纳税期限由省、自治区、直辖市人民政府确定。各地一般结合当地情况，分别确定按月、季或半年等不同的期限缴纳。

项目 8.3　耕地占用税

☆知识目标

➢ 掌握耕地占用税的概念和征收范围
➢ 掌握耕地占用税的计税依据、税率及计税方法

◆能力目标

➢ 能够正确计算耕地占用税应纳税额

一、耕地占用税基础知识

耕地占用税是国家对占用耕地建房或者从事其他非农业建设的单位和个人划拨土地时征收的一种税。

（一）征收范围

凡在中国境内的耕地，都属于耕地占用税的征收范围。

（二）纳税人

负有缴纳耕地占用税义务的单位和个人，包括在境内占用耕地建房或者从事其他非农业建设的单位和个人。具体包括企业、行政单位、事业单位、个体工商户和其他个人。

(三) 征税对象

耕地占用税的征税对象包括纳税人为建房或从事其他非农业建设而占用的国家所有和集体所有的耕地。

耕地占用税的征税对象包括两个条件：第一，占用的土地为农业耕地；第二，占用的目的是建房或从事其他非农业建设。

(四) 税率

耕地占用税在税率设计上采用了地区差别定额税率。税率规定如下：

(1) 人均耕地不超过1亩的地区（以县级行政区域为单位，下同），每平方米为10～50元。

(2) 人均耕地超过1亩但不超过2亩的地区，每平方米为8～40元。

(3) 人均耕地超过2亩但不超过3亩的地区，每平方米6～30元。

(4) 人均耕地超过3亩以上的地区，每平方米5～25元。

二、耕地占用税的计算和申报缴纳

(一) 税额计算

应纳耕地占用税的计算公式如下：

$$应纳税额 = 实际占用耕地面积 \times 适用税额$$

【案例8-3-1】 导入案例中，某油气田征得耕地建分厂，共征地2 000平方米，该地区耕地占用税额为每平方米6元。此项业务应如何计算该油气田耕地占用税？

【分析】 计算该企业应缴纳耕地占用税为：2 000×6＝12 000（元）。

(二) 会计处理

由于耕地占用税是在实际占用耕地之前一次性缴纳的，不存在与征税机关清算和结算的问题，因此，企业按规定缴纳的耕地占用税，可以不通过"应交税费"科目核算。

企业为购建固定资产而缴纳的耕地占用税，作为固定资产价值的组成部分，记入"在建工程"科目。会计分录为：

借：在建工程
　　贷：银行存款

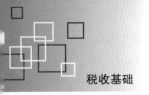

（三）耕地占用税的减免

（1）免征。军事设施、学校、幼儿园、养老院、医院占用耕地。

（2）减征。铁路线路、公路线路、飞机场跑道、停机坪、港口、航道占用耕地，减按每平方米 2 元的税额征收耕地占用税；农村居民占用耕地新建住宅，按照当地适用税额减半征收耕地占用税；农村烈士家属、残疾军人、鳏寡孤独以及革命老根据地、少数民族聚居区和边远贫困山区生活困难的农村居民，在规定用地标准以内新建住宅缴纳耕地占用税确有困难的，经所在地乡（镇）人民政府审核，报经县级人民政府批准后，可以免征或者减征耕地占用税。

（四）耕地占用税的申报缴纳

耕地占用税的纳税期限为 30 日。获准占用耕地的单位或者个人应当在收到土地管理部门的通知之日起 30 日内缴纳耕地占用税。

耕地占用税的纳税地点为耕地所在地。

练 习 题

一、单项选择题

1. 2012 年 12 月，某煤炭开采企业将开采的部分原煤用于连续生产煤炭制品，生产出的煤炭制品是 50 万吨，当月销售 28 万吨，已知加工产品的综合回收率为 70%，该煤矿适用的单位税额为 8 元/吨，则该企业当月应纳的资源税为（　　）万元。

　　A. 357.14　　B. 320　　C. 250　　D. 140

2. 下列资源，不属于资源税征税范围的是（　　）。

　　A. 天然气，包括煤矿生产的天然气

　　B. 天然原油，不包括人造石油

　　C. 固体盐，包括井矿盐

　　D. 伴采出铁矿石原矿

3. 某盐场 2012 年 6 月以自产原盐 25 000 吨加工成纯碱 18 000 吨全部验收入库，已知固体盐税额为每吨 12 元，该盐场 6 月应缴纳资源税为（　　）元。

　　A. 300 000　　B. 755 000　　C. 540 000　　D. 305 000

4. 某矿山开采企业在开采锌矿过程中伴采锰矿石。2009 年 7 月开采锌矿石 400 万吨、锰矿石 10 万吨。本月销售提炼的锰精矿 40 万吨，选矿比为 20%；销售锌锰矿石原矿 300 万吨，锌矿石和锰矿石销售时未分别核算。该矿山 2009 年 7 月应缴纳资源税（　　）万元。（该矿山资源税单位税额：锌矿 10 元/吨、锰矿 2 元/吨）

　　A. 3 030　　　B. 3 400　　　C. 4 030　　　D. 6 030

5. 金属和非金属矿产品原矿，因无法准确掌握纳税人移送使用原矿数量的，可将其（　　）数量作为课税数量。

　　A. 精矿按选矿比折算成原矿　　B. 精矿按原矿比折算成选矿
　　C. 原矿按选矿比折算成精矿　　D. 选矿按精矿比折算成原矿

6. 依据资源税的有关规定，下列煤炭中属于资源税征收范围的是（　　）。

　　A. 煤矿开采销售的原煤　　　B. 商业企业销售的选煤
　　C. 生产企业销售的蜂窝煤　　D. 商业企业销售的原煤

7. 下列各项中，属于资源税计税依据的是（　　）。

　　A. 纳税人开采销售原油时的原油数量
　　B. 纳税人销售矿产品时向对方收取的价外费用
　　C. 纳税人加工固体盐时使用的自产液体盐的数量
　　D. 纳税人销售天然气时向购买方收取的销售额及其储备费

二、多项选择题

1. 关于资源税的说法，正确的有（　　）。

　　A. 销售额为纳税人销售应税产品向购买方收取的全部价款和价外费用，包括收取的增值税销项税额
　　B. 对于纳税人开采或者生产不同税目应税产品的，应当分别核算；不能准确提供不同税目应税产品销售额或销售数量的，从高适用税额
　　C. 纳税人将金属矿产品原矿移送加工精矿而无法准确提供移送数量的，可将其精矿按选矿比折算成原矿数量作为课税数量
　　D. 原油中稠油、高凝油与稀油划分不清的，按原油的数量课税
　　E. 纳税人将原煤移送加工煤炭制品而无法准确提供移送数量的，按加工产品的综合回收率，将加工产品实际销量和自用量折算成原煤数量作为课税数量

2. 下列属于资源税应税产品的有（　　）。

　　A. 开采的天然原油和凝析油　　B. 油田生产的天然气
　　C. 原煤的加工产品　　　　　　D. 煤矿生产的天然气

E. 稀土矿

3. 某煤矿开采销售原煤，应缴纳的税金有（　　）。

A. 资源税　　　B. 增值税　　　C. 消费税　　　D. 城建税

4. 资源税规定，纳税人不能准确提供应税产品销售数量或移送使用数量的，可以（　　）为课税数量。

A. 应税产品的实际产量

B. 当期计划产量

C. 上年同期产量

D. 主管税务机关确定的折算比算成的数量

三、判断题

1. 纳税人自产自用铁矿石加工精矿石后销售，以实际移送使用数量为计税依据。（　　）

2. 原油中的稠油、高凝油与稀油划分不清或不易划分的，一律按原油的数量课税。（　　）

3. 金属和非金属矿产品原矿，因无法准确掌握纳税人移送使用原矿数量的，可将其精矿按选矿比折算成的原矿数量作为课税数量。（　　）

4. 我国现行资源税实行比例税率和定额税率。（　　）

5. 资源税是对开采、生产所有自然资源的单位和个人征收的一种税。（　　）

6. 按规定，纳税人开采或者生产应税产品销售的，以开采数量为课税数量。（　　）

四、计算题

1. 2014 年 10 月某煤矿开采原煤 400 万吨，销售 240 万吨；将一部分原煤移送加工生产选煤 48 万吨，销售选煤 30 万吨，选煤综合回收率 30%。原煤资源税税额 5 元/吨。计算该煤矿 2010 年 10 月应纳资源税。

2. 燕子山煤矿本期生产销售原煤610万吨，以自产原煤加工成洗煤120万吨，但该矿无法提供本期原煤移送适用数量。根据基期提供资料可知：基期耗用生产原煤185万吨入洗后，冶炼用焦煤53万吨，非炼焦用洗粉煤40万吨，其他用焦煤46万吨（该矿单位税额为2.40元/吨），计算该矿期末应缴纳资源税。

3. 某铜矿山10月销售铜矿石原矿1万吨，移送入选精矿2 000吨，选矿比为20%，按规定适用的单位税额为每吨1.20元。请根据上述资料，计算该单位应纳的资源税。

第九章 财 产 税

> 导入案例

绿地实业有限公司2010年有以下业务：

（1）2010年1～3月，该公司有一处办公大楼原值700万元，自用。另有一处房产价值200万元，用于出租，租期1年，每月租金2万元，已知政府规定的扣除比例为30%。

思考：如何准确计算出该公司2010年第一季度的房产税？

（2）该公司于2010年7月接受同市鸿源公司以房产投资入股，房产市场价值为300万元。因经营区域的需要，于2010年9月以此自用房产与另一企业交货一处房产，支付价款50万元。（规定税率为3%）

思考：如何准确计算出该公司2010年的应缴土地增值税？

（3）该公司因工作地点变动的原因，于2010年11月出售原建造的办公大楼，取得销售收入1 000万元，并按税法规定缴纳了有关税费。当时为建此大楼而支付的地价款为200万元，投入的建楼成本为500万元，所借银行贷款利息支出无法按项目分摊，房地产开发费用计算比例适用10%。（暂不考虑自建行为涉及的营业税金及附加）

思考：如何准确计算出该公司2010年出售此办公大楼应缴纳的土地增值税？

（4）该公司有自重5吨的载货汽车4辆，客车2辆，载货汽车年税额40元/吨，载人汽车年税额200元/辆。

思考：应如何准确计算出该公司2010年的车船税？

项目 9.1　房　产　税

☆知识目标

➤ 掌握房产税纳税人的概念和征税范围
➤ 掌握房产税的计税依据、税率及税额计算方法
➤ 掌握房产税的税收优惠
➤ 掌握房产税的会计处理和申报方法

◆能力目标

➤ 能够熟练进行房产税的计算和申报

一、房产税基础知识

房产税是以房产为征税对象，按照房产的计税价值或房产租金收入向房产所有人或经营管理人等征收的一种税。

（一）房产税的纳税义务人

房产税的纳税义务人是指，在我国城市、县城、建制镇和工矿区（不包括农村）内拥有房屋产权的单位和个人。具体包括以下规定：

（1）产权属于国家的，其经营管理的单位为纳税人；产权属于集体和个人的，集体单位和个人为纳税人。

（2）产权出典的，承典为纳税人；房产出租的，房产产权所有人（出租人）为纳税人。

（3）产权所有人、承典人均不在房产所在地的，房产代管人或者使用人为纳税人。

（4）产权没确定或者租典纠纷未解决的，房产代管人或者使用人为纳税人。

（5）纳税单位和个人无租使用房产管理部门、免税单位及纳税单位的房产，由使用人代为缴纳房产税。

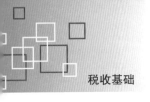

注意：①外商投资企业、外国企业、华侨和港澳台同胞投资兴办的企业，以及外籍人员和港澳台同胞等在内地拥有的房产，也要缴纳房产税。②房地产开发企业建造的商品房，在出售之前不征收房产税；但对出售前房地产开发企业已经使用、出租、出借的商品房应当征收房产税。

（二）房产税的征税范围

房产税的征税范围为城市、县城、建制镇和工矿区内的房屋，不包括农村。

注意：独立于房屋之外的建筑物（如水塔、围墙等）不属于房产，不征收房产税。

二、房产税的计算

（一）房产税的计税依据

房产税以房产的计税价值或房产租金收入为计税依据。按房产计税价值征税的，称为从价计征；按房产租金收入征税的，称为从租计征。

1. 从价计征

从价计征的，计税依据为房产原值减除一定比例后的房产余值。房产原值是"固定资产"账户中记载的房屋原价；减除一定比例由省、自治区、直辖市人民政府确定的10%～30%扣除比例，即：

$$房产余值 = 房产原值 \times (1 - 10\% \sim 30\%)$$

注意：①自2009年1月1日起，对依照房产原值计税的房产，不论是否记载在会计账簿固定资产科目中，均应按照房屋原价计算缴纳房产税。②投资联营的房产，在计征房产税时应予以区别对待：以房产投资联营，投资者参与投资利润分红、共担风险的，按照"房产余值"作为计税依据计征房产税；以房产投资收取固定收入、不承担经营风险的，视同出租，按照"租金收入"为计税依据计征房产税。

2. 从租计征

从租计征的，计税依据为房产租金收入，即房屋产权所有人出租房产使用权所得的报酬，包括货币收入和实物收入。

（二）房产税的税率及应纳税额计算

1. 税率

房产税采用比例税率。采用从价计征的，税率为1.2%；采用从租计征

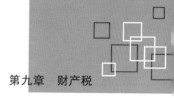

的,税率为12%;但对个人按市场价格出租的居民住房,用于居住的,可暂减按4%的税率征收房产税。

2. 应纳税额的计算

应纳税额的计算见表9-1-1。

表9-1-1 房产税计税依据、税率和应纳税额计算

计税方法	计税依据	税率(%)	税额计算公式
从价计征	房产余值	1.2	全年应纳税额=应税房产原值×(1-扣除比例)×1.2%
从租计征	房产租金	12	全年应纳税额=租金收入×12%(或4%)

【案例9-1-1】导入案例中,绿地实业有限公司2010年1—3月间,有一处办公大楼原值700万元,自用。另有一处房产价值200万元,用于出租,每月租金2万元,已知政府规定的扣除比例为30%。该公司2010年第一季度的房产税应如何计算呢?

【分析】

(1) 自用房产应纳税额=700×(1-30%)×1.2%÷4=1.47(万元)。

(2) 出租铺面应纳税额=2×3×12%=0.72(万元)。

2010年第一季度应纳房产税=1.47+0.72=2.19(万元)。

【案例9-1-2】王家自用一处平房,共16间,其中7间(房屋原值为20万元)用于个人开餐馆。2009年1月1日,王某将剩余9间中的4间出典给李某,取得出典价款收入12万元,另外5间出租给某公司,每月合计收取租金1万元。已知该地区规定按照房产原值一处扣除20%后的余值计税,则王某2009年应纳房产税额为多少?

【分析】

(1) 开餐馆的房产应纳房产税=20×(1-20%)×1.2%=0.192(万元)。

(2) 房产产权出典的,承典人为纳税人,王某作为出典人无须缴纳房产税。

(3) 出租房屋应纳房产税 = 1 × 12 × 12% = 1.44（万元）。

(4) 三项合计，王某应纳房产税 = 0.192 + 1.44 = 1.632（万元）。

【案例9-1-3】 某企业有一处房产原值1 000万元，2009年7月1日用于投资联营（收取固定收入，不承担联营风险），投资期为5年。已知该企业当年取得固定收入50万元，当地政府规定的扣除比例为20%。该企业2009年该房产应缴纳房产税为多少？

【分析】 以房产投资联营收取固定收入、不承担经营风险的，应当以出租方取得的租金收入为计税依据计征房产税。因此，该企业2009年上半年的房产税以自有房产原值为计税依据，下半年的房产税以租金收入为计税依据。2009年全年应缴房产税为：1 000 ×（1 - 20%）× 1.2% ÷ 2 + 50 × 12% = 10.80（万元）。

▶ 知识链接

房产税的税收优惠

房产税的税收优惠政策主要有以下六部分：

(1) 国家机关、人民团体、军队自用的房产免征房产税。

(2) 由国家财政部门拨付事业经费（全额或差额）的单位（如学校、医疗卫生单位、托儿所、幼儿园、敬老院以及文化、体育、艺术类单位）所有的、本事业务范围内使用的房产免征房产税。

(3) 宗教寺庙、公园、名胜古迹自用的房产免征房产税。

(4) 个人所有非营业用的房产免征房产税。对个人拥有的营业用房或者出租的房产，不属于免税房产，应照章征税。

(5) 对行使国家行政管理职能的中国人民银行总行（含国家外汇管理局）所属分支机构自用的房产，免征房产税。

(6) 经财政部批准免税的其他房产。

三、房产税的会计处理

房产税的会计处理应通过"应交税费——应交房产税"科目进行。在计提时，借记"管理费用"科目，贷记"应交税费——应交房产税"；在实际缴纳时，借记"应交税费——应交房产税"科目，贷记"银行存款"等科目。

【案例9-1-4】 导入案例中，绿地实业有限公司已在案例9-1-1中计算出2010年第一季度的房产税为2.19万元，应如何编制会计分录？

【分析】会计分录如下：
在 3 月末计提房产税时：
借：管理费用——税费 21 900
　　贷：应交税费——应交房产税 21 900
在 4 月初申报后缴纳税款时：
借：应交税费——应交房产税 21 900
　　贷：银行存款 21 900

四、房产税的纳税申报

（一）纳税义务发生时间

（1）纳税人将原有房产用于生产经营，从生产经营之月起，缴纳房产税。

（2）纳税人自行新建房屋用于生产经营，从建成之次月起，缴纳房产税。

（3）纳税人委托施工企业建设的房屋，从办理验收手续次月起，缴纳房产税。

（4）纳税人购置新建商品房，自房屋交付使用之次月起，缴纳房产税。

（5）纳税人购置存量房，自办理房屋权属转移、变更登记手续，房产产权属登记机关签发房屋权属证书之次月起，缴纳房产税。

（6）纳税人出租、出借房产，自交付出租、出租房产次月起，缴纳房产税。

（7）房地产开发企业自用、出租、出借本企业建造的商品房，自房屋使用或交付之次月起，缴纳房产税。

（8）自 2009 年 1 月 1 日起，纳税人因房产的实物或权利状态发生变化而依法终止房产纳税义务的，其应纳税款的计算应截至房产的实物或权利状态发生变化的当月末。

（二）纳税义务发生地点

房产税在房产所在地缴纳。房产不在同一个地方的纳税人，应按房产的坐落地点分别向房产所在地的税务机关申报纳税。

（三）纳税期限

房产税实行按年计算、分期缴纳的征收方法，具体缴纳期限由省、自治

区、直辖市人民政府确定。

(四) 纳税申报

纳税人应按照有关要求,将现有房屋的坐落地点、结构、面积、原值、出租收入等情况,如实向房屋所在地税务机关办理纳税申报,如实填写房产纳税申报表。

【案例9-1-5】导入案例中,绿地实业有限公司2010年第一季度的房产税申报表如何填写?

【分析】样本填制见表9-1-2。

表9-1-2 房产税税收申报表

地税纳税代码

税务登记证号:460100369800205　　　　　　　金额单位:元(列至角分)

纳税人名称	绿地实业有限公司						税款所属时期	2010.01.01—2010.03.31	
坐落地点					建筑面积		房屋结构		
海口市工业大道3467号					1 200 平方米		钢筋混凝土结构		
房产原值		扣除率	计税依据		税率		年应纳税额	缴纳次数	本月应纳税额
自用	出租		房产余值	租金收入	自用	出租			
1	2	3	4 = 1 × (1 − 3)	5	6	7	8 = 4 × 6 + 5 × 7	9	10 = 8 ÷ 9
7 000 000		30%	4 900 000	240 000	1.2%	12%	86 600	4	21 900
合　　计			4 900 000	240 000			87 600		21 900

（续上表）

纳税人名称	绿地实业有限公司					税款所属时期		2010.01.01—2010.03.31	
如纳税人填报，由纳税人填写以下各栏						如委托代理人填报，由代理人填写如下各栏			
房产原值		扣除率	计税依据		税率		年应纳税额	缴纳次数	本月应纳税额
自用	出租		房产余值	租金收入	自用	出租			
会计主管（盖章）		办税人员（盖章）		纳税人（盖章）		代理人名称	（盖章）		
						代理人地址			
						经办人		电话	
以下由税务机关填写									
收到申报表日期					接受人				
完税日期					完税凭证号码				

注：①本表一式三份，二份报主管税务机关，一份由纳税人留存。
②房屋结构分钢筋混凝土结构、砖木结构两种。

项目9.2 土地增值税

☆知识目标

➢ 掌握土地增值税纳税人的概念和征税范围
➢ 掌握土地增值税的计税依据、税率及税额计算方法
➢ 掌握土地增值税的税收优惠
➢ 掌握土地增值税的会计处理和缴纳方法

◆能力目标

➢ 能够熟练进行土地增值税计算并进行申报纳税

一、土地增值税基础知识

土地增值税是对转让国有土地使用权、地上建筑物及其附着物并取代收入的单位和个人,就其转让房产所取得的增值额征收的一种税。

(一) 土地增值税的纳税人

土地增值税的纳税人是转让国有土地使用权、地上建筑物及其附着物并取代收入的单位和个人。

(二) 土地增值税的征税范围

1. 征收土地增值税的行为

(1) 转让国有土地使用权、地上建筑物及其附着物的行为。

(2) 以房地产作价入股的,凡所投资、联营的企业从事房地产开发的,或者房地产开发企业以其建造的商品房进行投资和联营的。

(3) 对投资、联营企业将上述房地产再转让的。

(4) 以房地产与另一方的房地产进行交换(单位之间)。

(5) 合作建房建成后转让。

(6) 以房地产抵债而发生房地产权属转让。

(7) 土地使用者处置土地使用权。

2. 不征收土地增值税的行为

(1) 出让国有土地的行为。

(2) 继承、赠与等方式无偿转让的房地产。

(3) 将房屋产权、土地使用权赠与直系亲属或承担直接赡养义务人的行为。

(4) 通过中国境内非营利的社会团体、国家机关,将房屋产权、土地使用权赠与教育、民政和其他社会福利、公益事业。

二、土地增值税的计算

(一) 土地增值税的计税依据

土地增值税的计税依据为转让房地产所取得的增值税,增值税为转让房地产取得的收入减除扣除项目。

1. 转让房地产取得的收入

纳税人转让房地产取得的收入，包括转让房地产的全部价款及有关的经济效益；从收入的形式来看，包括货币收入、实物收入和其他收入。

2. 扣除项目

税法准予纳税人从转让收入额中扣除的项目包括如下两项：

（1）新建项目。具体规定如下：

1）取得土地使用权所支付的金额。包括纳税人为取得土地使用权所支付的地价款，以及纳税人在取得土地使用权时按国家规定缴纳的相关费用。

2）房地产开发成本。即纳税人房地产开发项目发生的成本，包括土地的征收及拆迁补偿费、前期工程费、建筑安装工程费、基础设施费、公共配套设施费、开发间接费用等。

3）房地产开发费用。即与房地产开发项目有关的销售费用、管理费用和财务费用。在确定扣除额上有以下规定：

财务费用中的利息支出，凡能按转让房地产项目计算分摊并提供金融机构证明的，允许据实扣除，但最高不能超过按商业银行同类同期贷款利率计算的金额。同时，对其他房地产开发费用，按取得土地使用权支付金额和房地产开发成本之和的5%以内计算扣除。

凡不能按转让房地产项目计算分摊利息支出或不能提供金融机构证明的，房地产开发费用则按取得土地使用权支付金额和房地产开发成本的10%以内计算扣除。计算扣除的具体比例，由各省、自治区、直辖市人民政府规定。

4）与转让房地产有关的税金。即在转让房地产时缴纳的营业税、城市维护建设税、教育费附加和印花税（房地产开发企业除外，因其在转让房地产时将缴纳的印花税列入了管理费，不允许再扣除）。

5）财政部规定的其他扣除项目。对从事房地产开发的纳税人，可按取得土地使用权支付金额与房地产开发成本之和，加计20%扣除，即：

$$加计扣除费用 = （取得土地使用权支付金额 + 房地产开发成本） \times 20\%$$

（2）旧房及建筑物扣除项目。具体规定如下：

1）房屋及建筑物的评估价格。它是指在转让已使用的房屋及建筑物时，由政府批准设立的房地产评估价格，该评估价格应由当地税务机关确认。其计算方法为：

$$评估价格 = 重置成本价 \times 20\%$$

2）取得土地使用权所支付的地价款和按国家规定缴纳的有关费用。

3）转让环节缴纳的税金。与转让房地产有关的税金是指在转让房地产时缴纳的营业税、城市维护税、印花税和教育费附加。

（二）土地增值税的税率

土地增值税的税率见表9-2-1。

表9-2-1　土地增值税四级超率累进税率

档次	级距	税率（％）	速算扣除系数	税额计算公式
1	增值税未超过扣除项目金额50%的部分	30	0	增值税×30%
2	增值税超过扣除项目金额50%，未超过100%的部分	40	5%	增值税×40% - 扣除项目金额×5%
3	增值税超过扣除项目金额100%，未超过200%的部分	50	15%	增值税×50% - 扣除项目金额×15%
4	增值税超过扣除项目金额超过200%的部分	60	35%	增值税×50% - 扣除项目金额×15%

（三）土地增值税应纳税额的计税

1. 计算公式

应纳税额 = 增值税额 × 适用税率 - 扣除项目金额 × 速算扣除税率

2. 计算步骤

（1）计算转让房地产取得的收入（货币收入、实物收入）。

（2）计算扣除项目。

（3）计算土地增值税额。

增值额 = 转让房地产的收入 - 扣除项目金额

（4）计算增值税占扣除项目金额的百分比。

增值率 = 增值额 ÷ 扣除项目金额

（5）确定适用税率。依据计算的增值率，按其税率表确定适用税率。

（6）据适用税率计算应纳税额。

【案例9-2-1】导入案例中，绿地实业有限公司于2010年11月出售原建造的办公大楼，取得销售收入1 000万元，并按税法规定缴纳了有关税费。当时为建此标准住宅而支付的地价款为200万元，投入的建楼成本为500万元，所借银行贷款利息支出无法按项目分摊，房地产开发费用计算比例适用10%。请计算该公司出售此办公大楼应缴的土地增值税是多少。

【分析】

（1）实现收入总额：1 000万元。

（2）扣除项目金额：

1）支付地价款：200万元。

2）支付开发成本：500万元。

3）房地产开发费用：(200+500)×10%=70（万元）。

4）扣除的税金（转让时缴纳的营业税、印花税、城建税及教育费附加）。印花税：1 000×0.5‰=0.50（万元），1 000×5%×(1+7%+3%)=55（万元）。

5）扣除费用总额：200+500+70+55+0.50=825.50（万元）。

（3）增值税=1 000-825.50=174.50（万元）。

（4）增值率：174.50÷825×100%=21.50%。（适用一级税率30%）

（5）应纳土地增值税税额：174.50×30%=52.35（万元）。

【案例9-2-2】2008年某国有商业企业利用库房空地进行住宅商品房开发，按照国家有关规定补交土地出让金2 840万元，缴纳相关费用160万元；住宅开发成本2 800万元，其中含装修费用500万元；房地产开发费用中的利息支出为300万元（不能提供金融机构证明）；当年住宅全部销售完毕，取得销售收入共计9 000万元；缴纳营业税、城市维护建设税和教育费附加495万元；缴纳印花税4.50万元。已知：该公司所在省人民政府规定的房地产开发费用的计税扣除比例为10%。计算该企业销售住宅应缴纳的土地增值税税额。

【分析】

非房地产开发企业缴纳的印花税允许作为税金扣除，非房地产开发企业不允许按照取得土地适用权所支付金额和房地产开发成本合计数的20%加计扣除。

（1）住宅销售收入为9 000万元。

（2）确定转让房地产的扣除项目金额如下：

取得土地使用权所支付的金额为2 840+160=3 000（万元）。

住宅开发成本为2 800万元。

房地产开发费用为：(3 000+2 800)×10%=580（万元）。

与转让房地产有关项目金额为：3 000+2 800+580+499.50=6 879.50（万元）。

（3）计算转让房地产的增值税为：9 000-6879.50=2120.50（万元）。

(4) 计算增值额与扣除项目金额的比率：2120.50÷6879.50≈31%。

(5) 计算应缴纳的土地增值税税额：

应纳土地增值税税额 = 2120.50 × 30% = 636.15（万元）。

▶ 知识链接

土地增值税的税收优惠

土地增值税的税收政策主要包括以下几部分：

(1) 纳税人建造普通标准住宅出售，增值额未超过扣除项目金额20%的，予以免税；超过20%的，应按全部增值额缴纳土地增值税。

(2) 因国家建设需要依法征用、收回的房地产，免征土地增值税。

(3) 企事业单位、社会团体以及其他组织转让旧房作为廉租住房、经济适用住房房源且增值额未超过扣除项目金额20%的，免征土地增值税。

(4) 自2008年11月1日起，对居民个人转让住房一律免征土地增值税。

三、土地增值税的会计处理

土地增值税作为对企业营业收入所征收的一种税收，一般应当作为营业税税金进行处理，具体可以分为如下两种情况：

第一，对于专门从事房地产经营企业，应当直接借记"经营税金及附加"科目，贷记"应交税费"科目。

第二，对于企业转让其已经作为固定资产等入账的房地产，其应当缴纳的土地增值税应当借记"固定资产清理"科目，贷记"应交税费"科目。

【案例9-2-3】导入案例中，绿地实业有限公司2010年应交土地增值税在案例9-2-1中计算出应为52.35万元，应如何进行会计处理？

【分析】所售办公大楼属固定资产，按会计准则规定，应先将固定资产净值转入"固定资产清理"科目，然后分别做取得转让收入、计算税金的会计处理，最后再结转固定资产清理净损益。本例中只涉及计算税金这一环节，因此，只列出计算土地增值税的会计分录，其他分录此处略。

　　借：固定资产清理　　　　　　　　　　　　　　　523 500
　　　　贷：应交税费——应交土地增值税　　　　　　523 500

实际缴纳时，会计分录为：

　　借：应交税费——应交土地增值税　　　　　　　523 500
　　　　贷：银行存款　　　　　　　　　　　　　　　523 500

四、土地增值税的申报缴纳

(一) 土地增值税的纳税时间和缴纳方法

土地增值税按照转让房地产所取得的实际收益计算征收,由于计税时要涉及房地产开发的成本和费用,有时还要进行房地产评估等,因此,其纳税时间就不可能像其他税种那样做出统一规定,而是要根据房地产转让的不同情况,由主管税务机关具体规定。主要有三种情况。

1. 以一次交割、付清价款方式转让房地产的

对于这种情况,主管税务机关可在纳税人办理纳税申报后,根据其应纳税额的大小及向有关部门办理过户、登记手续的期限等,规定其在办理过户、登记手续前数日内一次性缴纳全部土地增值税。

2. 以分期收款方式转让房地产的

对于这种情况,主管税务机关可根据合同规定的收款日期来确定具体的纳税期限。

项目全部竣工结算前转让房地产取得的收入,由于涉及成本确定或其他原因,无法据实计算土地增值税的,可以预征土地增值税,待该项目全部竣工、办理结算后再进行清算,多退少补。

(二) 纳税地点

土地增值税纳税人应向房地产所在地(房地产的坐落地)主管税务机关办理纳税申报,并在税务机关核定的期限内缴纳土地增值税。

纳税人转让的房地产坐落在两个或两个以上地区的,应按房地产所在地分别申报纳税。

五、纳税申报

土地增值税的纳税人应在转让房地产合同签订后的7日内,到房地产所在地主管税务机关办理纳税申报,并向税务机关提交房屋及建筑物产权、土地使用证书,土地转让、房产买卖合同,房地产评估报告及其他与转让房地产有关的资料。纳税人因经常发生房地产转让而难以在每次转让后申报的,经税务机关审核同意后,可以定期进行纳税申报,具体期限由税务机关根据情况确定。土地增值税纳税申报表见表9-2-2。

表9-2-2 土地增值税纳税申报表

填报日期　　年　　月　　日

纳税人识别号　　　　　　　金额单位：元

纳税人名称			税款所属时期	
地址		开户银行	账号	
一、转让房地产收入总额（2+3）			1	
其中		货币收入	2	
		实际收入及其他收入	3	
二、扣除项目金额合计（5+6+7+14+17+22）			4	
1. 取得土地使用权所支付的金额			5	
2. 旧房及建筑物的评估价格			6	
3. 房地产开发成本（8+9+10+11+12+12）			7	
其中		土地征收及拆迁补偿费	8	
		前期工程费	9	
		建筑安装工程费	10	
		基础设施费	11	
		公共配套设施费	12	
		开发间接费用	13	
4. 房地产开发费用（15+6）			14	
其中		利息支出	15	
		其他房地产开发费用	16	
5. 与转让房地产有关的税金等（18+19+10+21）			17	
其中		营业税	18	
		城市建设维护费	19	
		教育费附加	20	
		印花税	21	
6. 财政部规定的其他扣除项目			22	
三、增值额（1-4）			23	
四、增值额与扣除项目金额之比（%）（23÷4）			24	
五、适用税率（%）			25	

202

（续上表）

六、速算扣除系数（％）	26	
七、应缴土地增值税税额（23×25－4×26）	27	
八、已缴土地增值税税额	28	
九、应补（退）土地增值税税额（27－28）	29	
如纳税人填报，由纳税人填写以下各栏		如委托人填报，有代理人填写如下各栏		备 注
会计主管（签章）	纳税人（签章）	代理人名称		代理人（签章）
		代理人地址		
		经办人		电话
以下由税务机关填写				
收到申报表日期		接受人		

项目9.3 车 船 税

☆知识目标

➢ 掌握车船税纳税人的概念和征税范围
➢ 掌握车船税的计税依据、税率及税额计算方法
➢ 掌握车船税的税收优惠
➢ 掌握车船税的会计处理和缴纳方法

◆能力目标

➢ 能够熟练进行车船税计算并进行申报纳税

税收基础

一、车船税基础知识

车船税，是指对中国境内车船管理部门登记的车辆、船舶依法征收的一种税。

（一）车船税的纳税人

车船税的纳税人，是指在中国境内拥有或者管理车辆、船舶的单位和个人。具体规定包括以下四点：

（1）外商投资企业、外国企业、华侨和港澳台同胞投资兴办的企业，以及外籍人员和港澳台同胞等使用的车船也需要缴纳车船税，上述车辆管理者或所有者是车船税的纳税人。

（2）车船的使用人或者管理人未缴纳车船税的，使用人应当代为缴纳。

（3）从事机动车交通事故责任强制保险业务的，保险机构为机动车车船税的扣缴义务人。

（4）有租赁关系，拥有人与使用人不一致时，如车辆拥有人未缴纳车船税的，使用人应当代为缴纳车船税。

（二）车船税的征收范围

车船税的征收范围包括依法在公安、交通、农业等车船管理部门登记的车船，具体可分为车辆和船舶两大类。

（1）车辆包括机动车辆和非机动车辆。机动车辆是指依靠燃油、电力等能源作为动力运行的机动车辆，包括载客汽车（含电车）、载货汽车（含半牵引车、挂车）、拖拉机、无轨电车、三轮车、低速货车、摩托车、专业作业车和轮式专有机械车等。非机动车辆是指靠人力、畜力运行的车辆，如三轮车、自行车、畜力车等。

（2）船舶。船舶包括机动船舶和非机动驳船。机动船舶，是指依靠燃料等能源作为动力进行的船舶，如客轮、货船等；非机动驳船，是指没有动力装置，有人力或者其他力量运行的船舶，如木船、帆船等。

二、车船税的计算

（一）车船税的计税依据

车船税实行从量计税的办法，分别选择辆、净吨位和自重吨位三种单位作为计税依据。其中，载客汽车、电车、摩托车，以每辆为计税依据；载货汽车、三轮汽车、低速货车，该自重每吨为计税依据；船舶，按净吨位每吨为计税依据。

（二）车船税的税率

车船税采用定额税率，又称固定税额。见表9-3-1。

表9-3-1 车船税税目税额

税 目	计税单位	每年税额	备 注
载客汽车	每辆	60～660元	包括电车
载货汽车	按自重每吨	16～120元	包括半挂牵引车、挂车
三轮汽车低速货车	按自重每吨	24～120元	
摩托车	每吨	36～180元	
船舶	按净吨位每吨	3～6元	拖船和非机动驳船分别按船舶税额的50%计算

注：对车辆自重尾数在半吨以下者，按半吨计算；超过半吨者，按1吨计算。

（三）车船税应纳税额的计算

车船税应纳税额的计算根据车辆与船舶的不同类型，具体计算公式见表9-3-2。

表9-3-2 车船税应纳税额计算

税 目	计税单位	应 纳 税 额
载客汽车、摩托车	每辆	应纳税额=辆数×适用税率
载货汽车、三轮汽车低速货车	按自重每吨	应纳税额=自重吨位数×适用年税率
船舶	净吨位	应纳税额=净吨位数×适用年税率
摩托车	净吨位	应纳税额=净吨位数×适用年税率×50%（减半征收）

【案例9-3-1】导入案例中，绿地实业有限公司有自重5吨的载货汽车4辆，客车2辆，载货汽车年税额40元/吨，载人汽车年税额200元/辆。

2010年车船税应如何计算？

【分析】该公司2010年应纳的车船税额如下：

载货汽车应纳税额 $=4\times5\times40=800$（元）；

客车应纳税额 $=2\times200=400$（元）；

2010年应纳车船税合计为：$800+400=1\ 200$（元）。

【案例9-3-2】某小型运输公司拥有并使用以下车辆：从事运输用的净吨位2吨的拖拉机挂车5辆，5吨载货卡车10辆，净吨位为4吨的汽车挂车5辆。当地政府规定，载货汽车的车辆税额为60元/吨。要求：计算该企业应缴纳的车船税。

【分析】

拖拉机挂车的车船使用税 $=2\times5\times60=600$（元）；

载货卡车的车船使用税 $=5\times10\times60=3\ 000$（元）；

汽车挂车的车船使用税 $=4\times5\times60=1\ 200$（元）；

合计应纳车船使用税为：$600+3\ 000+1\ 200=4\ 800$（元）。

▶ 知识链接

车船税的税收优惠

下列车船免征车船税：

（1）非机动车船（不包括非机动驳船）。

（2）拖拉机。拖拉机是指在农业（农业机械）部门登记为拖拉机的车辆。

（3）捕捞、养殖渔船。

（4）军队、武警专用车船。

（5）警用车船。警用车船是指公安机关、国家安全机关、监狱、劳动教养管理机关和人民法院、人民检察院领取警用牌照的车辆和执行警务的专用船舶。

（6）按照有关规定已经缴纳船舶吨税的船舶。

（7）依照我国有关法律和我国缔结或者参加的国际条约的规定应当予以免税的外国驻华使馆、领事馆和国际组织驻华机构及其有关人员的车船。

三、车船税的会计处理

车船税的会计处理为计提和实际缴纳时分别处理。

有计提时，借记"管理费用"科目，贷记"应交税费——应交车船税"科目；实际缴纳时，借记"应交税费——应交车船税"科目，贷记"银行存款"等科目。

【案例9-3-3】 导入案例中,绿地实业有限公司2010年应交车船税在案例8-3-1中计算出应为1 200万元,应如何进行会计处理?

【分析】 计提该公司2010年应缴车船税时,会计分录为:

借:管理费用——税费　　　　　　　　　　　　　　　1 200
　　贷:应交税费——应交车船税　　　　　　　　　　　1 200

实际缴纳时,会计分录为:

借:应交税费——应交车船税　　　　　　　　　　　　1 200
　　贷:银行存款　　　　　　　　　　　　　　　　　　1 200

四、车船税的缴纳

(一)缴纳期限

车船税按年申报缴纳。纳税年度,自公历1月1日起至12月31日止。具体申报纳税期限由省、自治区、直辖市人民政府确定。

(二)纳税义务发生时间

车船的纳税义务发生时间,为车船管理部门核发的车船登记证书或者行驶证中记载日期的当月。纳税人未到车船管理部门办理登记手续的,以车船购置发票所载开具时间的当月为车船税的纳税义务发生时间。对未办理登记手续且无法提供车船购置发票的,由主管税务机关核定纳税义务发生时间。

(三)纳税地点

车船税由地方税务机关负责征收。具体纳税地点由省、自治区、直辖市人民政府根据当地实际情况确定。跨省、自治区、直辖市使用的车船,纳税地点为车船的登记地。

(四)纳税要求

(1)从事交强险业务的保险机构为扣缴义务人。车船税扣缴义务人代扣代缴车船税时,纳税人不得拒绝。

(2)纳税人购买交强险时已缴纳车船税的,不再向地税机关申报纳税。

(3)扣缴义务人应在保单上说明已收税款信息,作为纳税人的完税凭证。如有需要,纳税人可持保单到地税机关另开完税凭证。

（4）纳税人应按照规定及时办理纳税申报，并如实填写车船税纳税申报表。见表9-3-3。

表9-3-3 车船税纳税申报表

填表日期：　　年　　月　　日

纳税人识别号：　　　　　　　　　　　　　　　　　　　　　金额单位：

纳税人名称						税款所属时期		
						本期		
车船类别	计税标准	数量	单位税额	全年应缴税额	缴税次数	应纳税额	已纳税额	应补（退）税额
1	2	3	4	5	6	7 = 5 ÷ 6	8	9 = 7 - 8
合　　计								

如纳税人填报，由纳税人填写以下各栏		如委托代理人填报，由代理人填写如下各栏		备注	
会计主管（盖章）	纳税人（公章）	代理人名称	代理人（公章）	备注	
		代理人地址			
		经办人姓名		电话	
以下由税务机关填写					
收到申报表日期			接受人		

【案例9-3-4】导入案例中，绿地实业有限公司2010年交车船税应在何时并如何进行申报缴纳？

【分析】

自2007年1月1日开始实施的《中华人民共和国车船税暂行条例》规定了从事机动车交通事故责任强制保险业务的保险机构为车船税的扣缴义务人，负责代收代缴车船税。

海南省也实施了此规定，因此绿地实业有限公司 2010 年车船税在所拥有各车辆到保险机构投保交强险时由保险机构代收代缴。

练 习 题

一、单项选择题

1. 下列关于房产税的说法，表述不正确的是（　　）。

A. 房地产开发企业建造的商品房，在出售前不征收房产税

B. 纳税单位无租使用免税单位的房产，应由使用人代为缴纳房产税

C. 对居民住宅区内业主共有的经营性房产，由实际经营（包括自营和出租）的代管人或使用人缴纳房产税

D. 融资租赁期内房产税的纳税人，出租人为纳税义务人

2. 下列属于土地增值税纳税义务人的有（　　）。

A. 土地、房屋抵押的抵债方

B. 房屋赠与中的受赠方

C. 房屋赠与中的赠与方

D. 土地、房屋投资的投资方

3. 根据车船税法律制度的规定，下列各项中，属于载货汽车计税依据的是（　　）。

A. 排气量　　B. 自重吨位　　C. 净吨位　　D. 购置价格

4. 某小型运输公司拥有并使用以下车辆：农业机械部门登记拖拉机 5 辆，自重吨位为 2 吨；自重 5 吨的载货卡车 10 辆；自重吨位为 4 吨的汽车挂车 5 辆。当地政府规定，载货汽车的车辆税额为 60 元/吨，该公司当年应纳车船税为（　　）。

A. 3 900 元　　B. 4 020 元　　C. 4 200 元　　D. 4 260 元

二、多项选择题

1. 根据房产税税法制度的规定，下列有关房产税纳税人的表述中，正确的是（　　）。

A. 产权属于国家所有的房屋，国家为纳税人

B. 产权属于集体所有的房屋，该集体单位为纳税人

C. 产权属于个人所有的营业用房屋，该个人为纳税人

D. 产权出典的房屋，出典人为纳税人

2. 根据《中华人民共和国土地增值税暂行条例》的规定，下列行为中，不需缴纳土地增值税的有（   ）。

　　A. 出租房屋

　　B. 以获奖方式取得房屋使用权

　　C. 购置房屋取得所有权

　　D. 房屋互换且价格相等

3. 下列属于车船税免税项目的是（   ）。

　　A. 在农业（农业机械）部门登记为拖拉机的车辆

　　B. 非机动车船（不包括非机动驳船）

　　C. 设有固定装置的非运输车辆

　　D. 军队、武警专用的车船

4. 根据资源税法法律制度的规定，下列各项中，符合车船税有关规定的有（   ）。

　　A. 摩托车，以"每辆"为计税依据

　　B. 载客汽车，以"自重每吨"为计税依据

　　C. 载货汽车，以"自重每吨"为计税依据

　　D. 船舶，以"净吨位"为计税依据

三、判断题

1. 以房产投资联营，投资者参与投资利润分红、共担风险的，按照房产原值作为计税依据计征房产税。（   ）

2. 对房地产开发企业建造的商品房，在出售前，一律不征收房产税。（   ）

3. 张某将个人拥有产权的房屋出典给李某，则李某为该房屋房产税的纳税人。（   ）

4. 境内承受转移土地、房屋权属的单位和个人为土地增值税的纳税人，但不包括外商投资企业和外国企业。（   ）

5. 土地使用权出售时，应以其成交价格作为计税依据计税缴纳土地增值税。（   ）

6. 张某将个人拥有货车租赁给李某使用，张某没有缴纳车船税，则由李某代为缴纳车船税。（   ）

四、计算题

1. 某房地产开发企业转让一块已开发的土地，取得收入8 000万元，已

知取得该块土地支付的土地使用权出让金为 2 000 万元，开发这块地的成本费用为 1 000 万元，支付的与转让土地有关的税金合计为 500 万元，加计扣除金额为 600 万元。

要求：计算该房地产企业应纳土地增值税。

2. 某运输公司拥有并使用如下车辆和船舶。
(1) 从事运输用的自重为 2 吨的三轮汽车 5 辆。
(2) 自重 5 吨载货车卡车 10 辆。
(3) 净吨位为 4 吨的拖船 5 辆。
(4) 2 辆客车，乘客人数为 20 人。

已知：当地政府规定，载货汽车的车辆税额为 60 元/吨，乘坐 20 人客车税额为 500 元/辆，船舶每年税额为 6 元/吨。

要求：计算该公司当年应纳车船税。

第十章 行 为 税

> 导入案例

绿地实业有限公司有关资料如下:
企业法定代表人:刘×;
企业地址及电话:海口市工业大道3467号(62233464);
开户银行及账号:工商银行海口市金盆支行220102072738 79××××;
税务登记号:460100369800205。

(1) 2010年3月发生以下印花税涉税业务:

1) 领取房产证、土地使用证各一份。
2) 股东增资120万元。
3) 签订货物销售合同十份,共记载金额150万元。
4) 向中国银行借款100万元并签订借款合同。
5) 签订租赁合同一份,向兄弟公司租赁生产线一条,租赁金额50万元。

思考:印花税征税范围仅限于合同和权利证书吗?如果要计算缴纳印花税,其税率是多少?应纳税额如何计算?

(2) 该公司于2010年3月30日,从上海大众汽车有限公司购买一辆厂牌型号为桑塔纳330K8B LOL TD2的轿车供自己使用,支付含税增值税车价款106 000元,另支付代收临时牌照费150元,代收保险费352元,购买工具件和零配件价款2 035元,车辆装饰费250元。支付的各项价款均由上海大众汽车有限公司开具"机动车销售统一发票"和有关票据。

思考:应如何准确地计算出该车购买时应缴的车辆购置税呢?

(3) 2010年3月发生以下业务:

1) 领取房产证、土地使用证各一份。
2) 股东增资120万元。
3) 实际缴纳增值税85 300元,消费税58 000元。
4) 在税务稽查中发现该公司上年漏缴营业税2 000元,责令该公司于本月补缴,并加带滞纳金1 000元,处罚款5 000元。

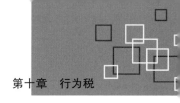

5）收到增值税出口退税 32 000 元。

思考：（1）该公司本月实际应缴的城市维护建设税及教育费附加的金额是多少？

（2）在补征营业税时是否也要补征城市维护建设费及教育费附加？

（3）收到增值税出口退税时是否也会收到城市维护建设费附加退回？

项目 10.1 印 花 税

☆知识目标

➤ 掌握印花税纳税人的概念和征税范围
➤ 掌握印花税的计税依据、税率及税额计算方法
➤ 掌握印花税的税收优惠
➤ 掌握印花税的会计处理和缴税方法

◆能力目标

➤ 能判断印花税的贴花范围并熟练进行印花税的计算

一、印花税基础知识

印花税是对经济活动和经济交往中树立、领受、使用的应税经济凭证所征收的一种税。因纳税人主要是通过在应税凭证上粘贴印花税票来完成纳税义务，故名印花税。

（一）印花税的纳税人

中华人民共和国境内书立、领受、使用《中华人民共和国印花税暂行条例》所列举凭证的单位和个人，都是印花税的纳税义务人，具体包括立合同人、立账簿人、立据人、领受人和使用人。

（二）印花税的征税范围

印花税的征税范围为税法列举的各种应税凭证，包括以下几类：

（1）购销、加工承揽、建设安装工程承包、财产租赁、货运运输、仓储保管、借款、财产保险、技术合同等具有合同性质的凭证。

（2）产权转移书据。

（3）营业账簿。

（4）权利、许可执照。

（5）经财政部确定征税的其他凭证。

二、印花税的计算

（一）印花税的计税依据

印花税的计税依据是应税凭证的计税金额或应税凭证的数量，具体包括以下十三个方面：

(1) 购销合同的计税依据为购销金额。

(2) 加工承揽合同的计税依据是加工或承揽收入的金额。

(3) 建设工程勘察设计合同的计税依据为勘察、设计收取的费用。

(4) 建筑安装工程承包合同的计税依据为承包金额，不得剔除任何费用。

(5) 财产租赁合同的计税依据为租赁金额。

(6) 货物运输合同的计税依据为取得的运输费用，不包括所运货物的金额、装卸费和保险费。

(7) 仓储保管合同的计税依据为仓储保管费用。

(8) 借款合同的计税依据为借款金额。

(9) 财产保险合同的计税依据为支付（收取）的保险费金额，不包括所保财产的金额。

(10) 计税合同的计税依据为合同所载的价款、报酬或使用费。

(11) 产权转移书据的计税依据为书据所载的金额。

(12) 营业账簿税目中记载金额的账簿计税依据为"实收资本"与"资本公积"两项的合计金额。其他账簿的计税依据为应税凭证件数。

(13) 权利许可证照的计税依据为应税凭证件数。

应注意的是：①载有两个或两个以上应税用不同税率经济事项的同一凭证，如分别记载金额的，应分别计算应纳税额，相加后按合计额贴花；如未分别记载金额的,按税率高的计税贴花。②企业启用新账簿后,其实收资本和资本公积的合计金额大于原已贴花资金的,就增加部分补贴印花。

（二）印花税的税率

现行印花税采用比例税率和定额税率两种。比例税率有四档,即千分之一、万分之一、万分之三和万分之零点五;适用定额税率的是权利许可证照和营业账簿税目中的其他账簿,单位税额均为每件5元。见表10-1-1。

表10-1-1 印花税税率

税 目	范 围	税 率	纳税人	说 明
1. 购销合同	包括供应、预购、采购、购销、结合及协作、调剂、补偿、易货等合同	按购销金额0.3‰贴花	立合同人	
2. 加工承揽合同	包括加工、定做、修缮、印刷、广告、测绘、测试等合同	按加工或承揽收入0.5‰贴花	立合同人	
3. 建设工程勘察设计合同	包括勘察、设计合同	按收取费用0.5‰贴花	立合同人	
4. 建筑安装工程承包合同	包括建筑、安装工程承包合同	按承包金额0.3‰贴花	立合同人	
5. 财产租赁合同	包括租赁房屋、船舶、飞机、机动车辆、机械、器具、设备等合同	按租赁金额1‰贴花,税额不足1元,按1元贴花	立合同人	
6. 货运运输合同	包括民用航空运输、铁路运输、海上运输、内河运输、公路运输和联运合同	按运输费0.5‰贴花	立合同人	单据作为合同使用的,按合同贴花
7. 仓储保管合同	包括仓储、保管合同	按仓储保管费用1‰贴花	立合同人	仓单或保单作为合同使用的,按合同贴花

(续上表)

税目	范围	税率	纳税人	说明
8.借款合同	银行及其他金融组织和借款人(不包括银行同业拆借)所签订的借款合同	按借款金额0.5‰贴花	立合同人	单据作为合同使用的按合同贴花
9.财产保险合同	包括财产、责任、保证、信用等保险合同	按保险费收入1‰贴花	立合同人	
10.技术合同	包括财产、责任、保证、信用等保险合同	按所载金额0.3‰贴花	立合同人	
11.产权转移书据	包括财产使用权和版权、商标专用权、专有技术使用权等转移书据、土地使用权出让合同、土地使用权转让合同、商品房销售合同	按所载金额0.5‰贴花	立据人	
12.营业账簿	生产、经营用账册	记载资金的账簿,按实收资本和资本公积的合计金额0.5‰贴花。其他账簿按件贴花5元	立账簿人	
13.权利、许可证照	包括政府部门发给的房屋产权证、工商营业执照、商标注册证、专利证、土地使用证	按件贴花5元	领受人	

(三) 应税额的计算

根据应税凭证的性质,印花税的计算有以下三种类型:

(1) 实行比例税率的凭证:

$$应纳税额＝应税凭证计税金额×比例税率$$

(2) 实行定额税率的凭证:

$$应纳税额 = 应税凭证件数 \times 定额税率$$

(3) 营业簿中记载资金的账簿:

$$应纳税额 = （实收资本 + 资本公积） \times 0.5‰$$

其他账簿：按件贴花，每件5元。

【案例10-1-1】导入案例中，绿地实业有限公司2010年3月的印花涉税业务中，各项业务的印花税应如何计算？

【分析】

(1) 领受房产证、土地使用证各一份。

属于领受权利许可证照税目，按照每件5元贴花，因此应纳税额 $= 2 \times 5 = 10$（元）。

(2) 股东增资120万元。

营业账簿中的"实收资本"或"资本公积"金额增加120万元，应纳税额 $= 1\ 200\ 000 \times 0.5‰ = 600$（元）。

(3) 签订货物销售合同，共记载金额150万元。

属于购销合同税目，应纳税额 $= 1\ 500\ 000 \times 0.3‰ = 450$（元）。

(4) 向中国银行借款100万元并签订了借款合同。

属于借款合同税目，应纳税额 $= 1\ 000\ 000 \times 0.05‰ = 50$（元）。

(5) 签订租赁合同1份，向兄弟公司租赁生产线一条，租赁金额80万元。

属于财产租赁合同税目，应纳税额 $= 800\ 000 \times 1‰ = 800$（元）。

绿地实业有限公司2010年3月的印花税应纳税额合计为：$10 + 600 + 450 + 50 + 800 = 1\ 910$（元）。

【案例10-1-2】某电厂与某水运公司签订了两份运输保管合同，总金额均为50万元。第一份合同载明的金额合计50万元（运费和保管费并未分别记载），第二份合同中注明运费30万元、保管费20万元。请问这两份合同应纳税的印花税是否相同？

【分析】第一份合同因运费和保管费并未分别记载，全部按保管合同来记缴印花税，应缴纳印花税税额 $= 500\ 000 \times 1‰ = 500$（元）；第二份合同分别按运输合同和保管合同来记缴印花税，应缴纳印花税税额 $= 300\ 000 \times 0.5‰ + 200\ 000 \times 1‰ = 350$（元）。

▶ 知识链接

印花税税收优惠

下列凭证免征印花税：

（1）已缴纳印花税的凭证的副本或者抄本。

（2）财产所有人将财产赠给政府、社会福利单位、学校所立的书据。

（3）国家指定的收购部门与村民委员会、农民个人书立的农副产品收购合同。

（4）无息、贴息贷款合同。

（5）外国政府或者国际金融组织向我国政府及国家金融机构提供优惠贷款所书立的合同。

（6）房地产管理部门与个人订立的用于生活居住的租赁合同。

（7）农牧业保险合同。

（8）特殊的货运合同，如军需物资运输凭证、抢险救灾物资运输凭证、新建铁路的工程临管线运输凭证。

三、印花税的会计处理

企业纳税的印花税，一般不会发生应付未付税款的情况，也不需要预计应纳税款，所以不通过"应交税费"科目核算，而是在纳税印花税时直接列入管理费用。上交印花税或购买印花税票时，借记"管理费用"科目，贷记"银行存款"或"库存现金"科目。

【案例10-1-3】导入案例中，绿地实业有限公司2010年3月计算各项业务应缴的印花税为1 910元，请问各项业务印花税的相关会计分录应如何编制？

【分析】印花税不需要通过"应交税费"科目计提再缴纳，因此，该公司在计算2010年3月应缴印花税时不需做会计分录，只在实际缴纳时做以下会计分录：

借：管理费用——税费　　　　　　　　　　　　　　　1 910
　　贷：银行存款——（库存现金）　　　　　　　　　1 910

具体到该公司的各项印花税涉税业务，业务（1）领受房产证、土地使用证各一份时应缴印花税各5元，在发证机关代扣代缴后做以下会计分录：业务（3）、（4）签订的销售合同（十份）和借款合同，则可采用自行贴花方式完税。这种方法下，在支付购买印花税税票款项时做以上会计分录，自行贴花并注销时不需要在做会计分录；业务（2）、（5）因印花税金额超过500元，如采用按期汇缴方式，则在2010年4月初汇缴时做以上会计分录。

四、印花税的纳税

（一）印花税缴纳方法

印花税的缴纳方法，根据应纳税额的大小、纳税次数的多少，以及征收管理的需要，分别采用以下三种方式，见图10-1-1。

印花税应当在书立或领用时贴花，按以下方法实行就地纳税。

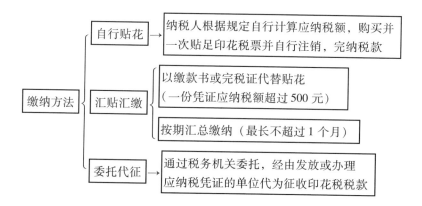

图10-1-1 印花缴纳方法

（二）印花税的申报

印花税的纳税人应按照条例的规定及时办理纳税申报，并如实填写印花税纳税申报表。见表10-1-2。

【案例10-1-4】导入案例中，绿地实业有限公司2010年3月各项业务应缴的印花税应如何完成纳税申报手续？

【分析】业务（1）领受房产证、土地使用证各一份时应缴印花税各5元，由发证时代扣代缴后；业务（3）、（4）签订的销售合同（十份）和借款合同，则可采用自行贴花方式完税。

业务（2）、（5）因印花税金额超过500元，如采用按期汇款方式，则可在2010年4月初填报纳税申报表进行缴纳申报。

表10-1-2 中华人民共和国印花税税收申报表

隶属关系：
注册类型： 填发日期： 年 月 日
征收机关：

缴款单位（人）	代码	02XXXXX		电话	62233464	预算科目	编码	121900									
	全称	绿地实业有限公司					名称	其他印花税									
	开户银行	中国工商银行海口市金盘支行					级别	地方级									
	账号	22102072738793001					收款国库										
税款所属时期 2010年03月01日至03月31日							税款限缴日期 2010年04月15日										
品名名称	课税数量	计税金额或销售收入		税率或单位税额		已缴或扣除额	实缴税额										
							亿	千	百	十	万	千	百	十	元	角	分
营业账簿	1	1 200 000		0.000 5								6	0	0	0	0	
租赁合同	1	800 000		0.001								8	0	0	0	0	
金额合计	（大写）×亿×仟×佰×拾×万壹仟肆佰零拾圆零角零分										1	4	0	0	0	0	
扣缴单位（人）（盖章）经办人（章）	备注：																

项目10.2 车辆购置税

☆知识目标

➢ 掌握车辆购置税纳税人的概念和征税范围
➢ 掌握车辆购置税的计税依据、税率及税额计算方法
➢ 掌握车辆购置税的税收优惠
➢ 掌握车辆购置税的会计处理和缴纳方法

◆能力目标

➢ 能够熟练进行车辆购置税的计算并进行申报纳税

一、车辆购置税基础知识

车辆购置税是以在中国境内购置规定的车辆为课税对象、在特定的环节向车辆购置者征收的一种税。

（一）车辆购置税的纳税人

车辆购置税的纳税人是指在我国境内购置应税车辆的单位和个人。其中，购置是指购买使用行为、进口使用行为、受赠使用行为、自产自用行为、获奖使用行为以及拍卖、抵债、走私、罚没等方式取得并使用的行为，这些行为都属于车辆购置税的应税行为。

（二）车辆购置税的征税范围

车辆购置税以列举的车辆作为征税对象，未列举的车辆不纳税。其征税范围包括汽车、摩托车、电车、挂车、农用运输车。

二、车辆购置税的计算

（一）车辆购置税的税率和计税依据

1. 税率

车辆购置税实行统一比例税率，税率为 10%。

2. 计税依据

车辆购置税以应税车辆为计税依据。由于车辆来源和应税行为的发生不同，计税价格的组成也就不一样。车辆购置税的计税依据有以下三种情况：

（1）购买自用应税车辆计税依据。纳税人购买自用的应税车辆的计税依据为纳税人购买应税车辆而支付给销售方的全部价款和价外费用（不含增值税）。若为含税价格，则计税价格的计算公式如下：

$$计税价格 = 含增值税的销售价格 \div （1 + 增值税税率或征收率）$$

（2）进口自用应税车辆计税依据。进口自用的应税车辆是指纳税人直接从境外进口或委托代理进口自用的应税车辆，即非贸易方式进口自用的应税车辆。纳税人进口自用的应税车辆以组成计税价格为计税依据，组成计税价格的计算公式如下：

$$组成计税价格 = 关税完税价格 + 关税 + 消费税$$

（3）其他自用应税车辆计税依据。现行政策规定，纳税人自产、受赠、获奖和以其他方式取得并自用的应税车辆的计税价格，凡不能或不能准确提供车辆价格的，由主管税务机关依国家税务总局核定的、相应类型的应税车辆的最低计税价格确定。因此，纳税人自产自用、受赠使用、获奖使用和以其他方式取得并自用的应税车辆一般以国家税务局核定的最低计税价格为计税依据。

（二）车辆购置税的应纳税额的计算

车辆购置税实行从价定率的方法计算应纳税额，计算公式如下：

$$应纳税额 = 计税依据 \times 税率$$

由于应税车辆的来源、应税行为的发生以及计税依据组成的不同，因此车辆购置税应纳税额的计税方法也有区别。

【案例 10-2-1】导入案例中，绿地实业有限公司购入桑塔纳轿车应纳税的车辆购置税应如何计算？

【分析】该公司购入轿车自用，因支付的各项价款均能开具"机动车销

售统一发票"和有关票据,因此计税价格 = (106 000 + 150 + 352 + 2 035 + 250) ÷ (1 + 17%) = 92 980.34 (元)。应纳税额 = 92 980.34 × 10% = 9 298.03 (元)。

▶ 知识链接

车辆购置税税收优惠

以下车辆免征车辆购置税:

(1) 外国驻华使馆、领事馆和国际组织驻华机构及其他外交人员自用车辆。

(2) 中国人民解放军和中国人民武装警察部队列入军队武器装备订货计划的车辆。

(3) 设有固定装置的非运输车辆。

(4) 防汛部门和森林消防等部门购置的由指定厂家生产的指定型号的用于指挥、检查、调度、报汛(警)、联络的专业车辆。

(5) 回国服务的留学人员用现汇购买 1 辆个人自用的国产小汽车。

(6) 长期来华定居专家进口 1 辆自用小汽车。

(7) 城市公交企业自 2012 年 1 月 1 日起至 2015 年 12 月 31 日止,购置的公共汽电车辆免征车辆购置税。

(8) 自 2004 年 10 月 1 日起,对农用三轮车免征车辆购置税。

三、车辆购置税的会计处理

由于企业纳税的车辆购置税是一次性缴纳,因此它可以不通过"应交税费"科目进行核算,直接计入所购置车辆的成本。借机"固定资产"科目,贷记"银行存款"科目。

【案例 10 - 2 - 2】导入案例中,绿地实业有限公司购入桑塔纳公司轿车共支付各项价款 108 787 元,在案例 10 - 2 - 1 中计算出应纳税的车辆购置税为 9 298.03 元,假设没有其他款项,应如何编制相关会计分录?

【分析】企业缴纳的车辆购置税在缴纳时直接计入所购置车辆的成本,又由于小轿车的增值税进项税不能抵扣,因此,该公司购置轿车时应编制的会计分录为:

借:固定资产　　　　　　　　　　　　　　　　118 085.03
　　贷:银行存款　　　　　　　　　　　　　　118 085.03

四、车辆购置税的缴纳

（一）纳税期限

纳税人购买自用的应税车辆，自购买之日起 60 日内申报纳税；进口自用的应税车辆，应当自进口之日起 60 日内申报纳税；自产、受赠、获奖和以其他方式取得并自用的应税车辆，应当自取得之日起 60 日内申报纳税。

这里的"购买之日"是指纳税人购车发票上注明的销售日期，"进口之日"是指纳税人报关进口的当日。

（二）纳税地点

纳税人购置应税车辆，应当向车辆登记注册地的主管税务机关申报纳税；购置不需办理车辆登记注册手续的应税车辆，应当向纳税人所在地主管税务机关申报纳税。车辆登记注册地是指车辆的上牌落籍地或落户地。

（三）纳税申报

车辆购置税实行一车一申报制度。纳税人在办理纳税申报时应如实填写车辆购置税纳税申报表（表 10-2-1），同时提供车主身份证明、车辆价格证明、车辆合格证明及税务机关要求提供的其他资料的原件和复印件，经车购办审核后，有税务机关保存有关复印件。

表 10-2-1 车辆购置纳税申报表

填表日期： 年 月 日 　行业代码： 　注册类型代码：

纳税人名称： 　　　　　　　　　　　　　　　　　金额单位：元

纳税人证件名称		证件号码			
联系电话		邮政编码		地址	
车辆基本情况					
车辆类别	1. 汽车　2. 摩托车　3. 电车　4. 挂车　5. 农用运输车				
生产企业名称			机动车销售统一发票（或有效凭证）价格		

（续上表）

厂牌型号				关税完税价格	
发动机号码				关税	
车辆识别代号（车架号码）				消费税	
购置日期				免（减）税条件	
申报计税价格	计税价格		税率	免税、减税额	应纳税额
1	2		3	4 = 2 × 3	5 = 1 × 3 或 2 × 3
			10%		
	申报人声明			授权声明	
此纳税申报表是根据《中华人民共和国车辆购置税暂行条例》的规定填报的，我相信它是真实的、可靠的、完整的。 声明人签字：				如果你已委托代理人申报，请填写以下资料：为代理一切税务事宜，现授权（　　　　　），地址（　　　　　）为本纳税人的代理申报人，任何与本申报表有关的往来文件，都可寄予此人。 授权人签字：	

纳税人签名或盖章	如委托代理人的，代理人应填写以下各栏		代理人（章）
	代理人名称		
	地址		
	经办人		
	电话		

接受人： 填报日期：	主管税务机关（章）

项目10.3 城市维护建设税和教育费附加

☆知识目标
➢ 掌握城市维护建设税和教育费附加纳税人的概念和征税范围
➢ 掌握城市维护建设税和教育费附加的计税依据、税率和税额计算方法
➢ 掌握城市维护建设税和教育费附加的会计处理和缴纳方法

◆能力目标
➢ 能够正确确定城市维护建设税的计税依据并计算城市维护建设税
➢ 能够正确进行城市维护建设税的纳税申报

一、城市维护建设税和教育费附加基础知识

城市维护建设税是我国为了加强城市的维护建设，扩大和稳定城市维护建设资金的来源，对有经营收入的单位和个人征收的一种税种。教育附加是为加快地方教育事业，扩大地方教育经费的资金而征收的一项专用资金。

（一）纳税人
按照现行税法的规定，城市维护建设税和教育费附加的纳税人是在征税范围内从事工商经营，缴纳"三税"（即增值税、消费税和营业税，下同）。任何单位或个人，只要缴纳"三税"中的一种，就必须同时缴纳城市维护建设税和教育费附加。

应注意的是，目前，不包括缴纳上述三大流转税的外贸投资企业和外国企业以及外籍人员。

第十章 行为税

(二) 征税范围

城市维护建设税和教育费附加在全国范围内征收，只要缴纳增值税、消费税、营业税的纳税人所在地方，除税法另有规定者外，都属于征收城市维护建设税和教育费附加的范围，即城市维护建设税以三大流转税的征税范围为范围，但海关对进口产品征收增值税、消费税时，不附征城市维护建设税和教育费附加。

二、城市维护建设税和教育费附加的计算

(一) 城市维护建设税和教育费附加的计税依据

城市维护建设和教育费附加的计税依据是纳税人实际缴纳的三大流转税税额，不包括费税款项。纳税人违反"三税"有关规定，被查补"三税"和被处以罚款时，也要对其偷漏的城市维护建设税和教育费附加进行补税和罚款；纳税人违反"三税"有关规定而加收的滞纳金和罚款，不作为城市维护建设税和教育费附加的计税依据。

(二) 城市维护建设税和教育费附加的税率

城市维护建设税采用比例税率，根据纳税人所在地的不同而有区别；纳税人所在地城市市区的，税率为7%；纳税人所在地在县城、建制镇的，税率为5%；纳税人所在地不在城市市区、县城、建制镇的，税率为1%。

现行教育费附加征收比例为3%。

(三) 城市维护建设税和教育费附加应纳税额的计算

城市维护建设税和教育费附加的应纳税额是按纳税人实际缴纳的"三税"税额计算的。其计算公式如下：

应纳城市维护建设税 = 纳税人实际缴纳的增值税、消费税、营业税税额 × 适用税率

应纳教育费附加 = 实纳的增值税、消费税、营业税税额 × 教育费附加征收率

【案例 10-3-1】 导入案例中，绿地实业有限公司 2010 年 3 月实际缴纳增值税 85 300 元，消费税 58 000 元，并补缴营业税 20 000 元，滞纳金 1 000 元，罚款 5 000 元。哪些是城市维护建设税和教育费附加的计税依据？

应纳城市维护建设税和教育费附加分别是多少？

【分析】补征"三税"时也要补征城市维护建设税和教育费附加，但加收的滞纳金和罚款不是城市维护建设税和教育费附加的计税依据。因此，绿地实业有限公司本月计征城市维护建设税和教育费附加的计税依据金额为：85 300 + 58 300 + 20 000 = 163 300（元）。

因该企业注册地在海口，城市维护建设税税率应为7%。

应纳城市维护建设税 = 163 300 × 7% = 11 431（元）；

应纳教育费附加 = 163 300 × 3% = 4 899（元）。

另外，在缴纳漏缴营业税需补缴的城市维护建设税和教育费附加时，还需缴纳相应的滞纳金和罚款，具体金额由主管税务机关确定。

▶ 知识链接

城市维护建设税和教育费附加税收优惠

（1）城市维护建设税和教育费附加按减免后时间缴纳的"三税"税额计征，即随"三税"的减免而减免。

（2）对因减免税而需进行"三税"退库的，城市维护建设税和教育费附加也可同时退库。但对出口产品退还增值税、消费税的，不退还已征的城市维护建设税和教育费附加。

（3）海关对进口产品代征的增值税、消费税，不征收城市维护建设税和教育费附加。

（4）对"三税"实行先征后返、先征后退、即征即退办法的，除另有规定外，对随"三税"附征的城市维护建设税和教育费附加，一律不予退（返）还。

【案例10-3-2】导入案例中，绿地实业有限公司2010年3月收到增值税出口退税32 000元。请问收到增值税出口退税时是否也会收到城市维护建设税和教育费附加的退还？

【分析】对出口产品退还增值税、消费税的，不退还已征的城建税和教育费附加。因此，该企业只会收到增值税出口退税32 000元，而不会收到城市维护建设税和教育费附加退还。

三、城市维护建设税和教育费附加的会计处理

城市维护建设税的会计核算应通过"应交税费——应交城市维护建设税"科目进行，教育费附加的会计核算通过"应交税费——应交教育费附

加"科目进行。在计提应交城市维护建设税和教育费附加时,借记"营业税金及附加"科目,贷记"应交税费——应交城市维护城建税""应交税费——应交教育费附加"科目;在实际上缴时,借记"应交税费——应交城市维护建设税""应交税费——应交教育费附加"科目,贷记"银行存款"科目。

【案例10-3-3】导入案例中,绿地实业有限公司2010年3月计算应纳城市维护建设税11 431元和教育费附加4 899元,其计提和缴纳时的会计分录应如何编制?

【分析】会计分录编制如下。

计提城建税和教育费附加:

借:营业税金及附加	16 330
贷:应交税费——应交城市维护建设税	11 431
应交税费——应交教育费附加	4 899

缴纳城市维护建设税和教育费附加:

借:应交税费——应交城市维护建设税	11 431
应交税费——应交教育费附加	4 899
贷:银行存款	16 330

相关的滞纳金和罚款在缴纳时计入"营业外支出"账户中。

四、城市维护建设税和教育费附加的纳税申报

(一)纳税期限和地点

由于城市维护建设税和教育费附加是在缴纳"三税"时同时缴纳的,因此在纳税期限方面的规定与"三税"的纳税期限一致。纳税地点也为纳税人缴纳"三税"的地点。

(二)纳税申报

纳税人在申报缴纳增值税、消费税、营业税时,应同时申报缴纳城市维护建设税和教育费附加,纳税人应按照有关规定,如实填写城市维护建设税(教育费附加)申报表(表10-3-1)。

表10-3-1 城市维护建设税（教育费附加）申报表

市地方税务局　　　　　　　　　　　　税务计算机代码：
城市维护建设税（教育费附加）申报表　　缴费书号码：
申报单位名称：　　　税款所属日期：　　年　月　日至　年　月　日
单位：元

税种名称	计税（费）税额	城市维护建设费				教育费附加			
		税率	应纳税额	已纳税额	本期应补（退）税额	税率	应纳附加额	已纳附加额	本期应（退）附加额
营业税									
增值税									
消费税									
合　计									

申报单位盖章：　　　　　负责人（盖章）：　　　　　经办人（盖章）：

税务机关审理申报日期：　　年　　月　　日　　审核人（盖章）：

练 习 题

一、单项选择题

1. 载有适用不同税目税率经济事项的同一凭证，如未分别记载金额，应（　　）征收印花税。
　　A. 从低适用税率　　　　　　B. 从高适用税率
　　C. 按各税率平均值　　　　　D. 按双方协商确定税率

2. 某建筑公司与甲企业签订一份建筑承包合同，合同金额6 000万元。施工期间，该建筑公司又将其中价值800万元的安装工程分包给乙企业，并签订分包合同。该建筑公司上述合同应缴纳印花税（　　）。
　　A. 1.70万元　　B. 1.80万元　　C. 2.03万元　　D. 2.04万元

3. 依据车辆购置税的有关规定，下列车辆中可以享受法定减免的是（   ）。

　　A. 国家机关购买的小汽车

　　B. 留学人员购买的小汽车

　　C. 有突出贡献专家购买的小汽车

　　D. 国际组织驻华机构购买的自用小汽车

4. 城市维护建设税采用的税率形式是（   ）。

　　A. 比例税率　　　　　　　B. 定额税率

　　C. 超额累进税率　　　　　D. 超率累进税率

5. 某企业 2009 年 2 月缴纳了增值税 18 万元，消费税 20 万元，所得税 12 万元，营业税 10 万元。如果按 5% 的城市维护建设税税率计算，该企业应缴纳的城市维护建设税是（   ）。

　　A. 3.10 万元　　B. 2.50 万元　　C. 2.40 万元　　D. 2.10 万元

6. 某镇一企业 2009 年 5 月被查补的营业税为 70 000 元，所得税 50 000 元，被加收滞纳金 1 000 元，被处罚款 6 000 元。该企业应补缴城市维护建设税和教育费附加为（   ）。

　　A. 6 160 元　　B. 5 600 元　　C. 8 000 元　　D. 10 000 元

二、多项选择题

1. 下列凭证中，不应缴纳（贴）印花税的有（   ）。

　　A. 卫生许可证　　　　　　B. 土地使用证

　　C. 外汇许可证　　　　　　D. 税务登记证

2. 根据印花税法律制度的规定，下列各项中，以凭证或账簿件数为计税依据缴纳印花税的有（   ）。

　　A. 财产转移书据　　　　　B. 房屋产权证

　　C. 工商营业执照　　　　　D. 记载资金的账簿

3. 下列合同应计算印花税的有（   ）。

　　A. 银行与企业之间签订的贴息贷款合同

　　B. 作为正本使用的贷款合同

　　C. 电网与用户之间签订的共用供电合同

　　D. 房地产管理部门与个人签订的经营用房的房租合同

4. 下列说法符合城建税和教育费附加规定的有（   ）。

　　A. 对个人转让著作权取得收入免征城市维护建设税和教育费附加

　　B. 以纳税人实际缴纳的"三税"为计税依据

C. 代扣代缴"三税"的单位和个人，同时也是城市维护建设税的代扣代缴义务人

D. 代扣代缴"三税"的单位和个人，其城市维护建设税的纳税地方在纳税人所在地

三、判断题

1. 载有两个或两个以上适用不同税目税率经济事项的同一凭证，不管是否分别记载金额，都要按税率高的项目计算贴花。（   ）

2. 根据《中华人民共和国印花税暂行条例》及其施行细则的规定，财产所有人将财产赠给政府、社会团体、社会福利单位、学校及其他事业单位所立的书据免纳印花税。（   ）

3. 进口应税税务征收增值税、消费税，应同时征收城市维护建设税；出口货物按规定退还增值税、消费税，应同时退还已缴纳的城市维护建设税。（   ）

四、计算题

1. 某汽车制造厂将一辆自产轿车用于本厂办公，该厂在办理车辆上牌手续时，出具该车的发票注明轿车价格为 80 000 元，国家税务总局对该车同型车辆核定的最低价格为 110 000 元，该厂对作价问题提出不正当理由。计算该汽车制造厂应纳车辆购置税税额。

2. 某市一企业 2009 年 5 月被查补增值税 50 000 元，消费税 20 000 元，所得税 30 000 元，被加收滞纳金 2 000 元，被处罚款 8 000 元。问：该企业应补缴城市维护建设税和教育费附加分别是多少？